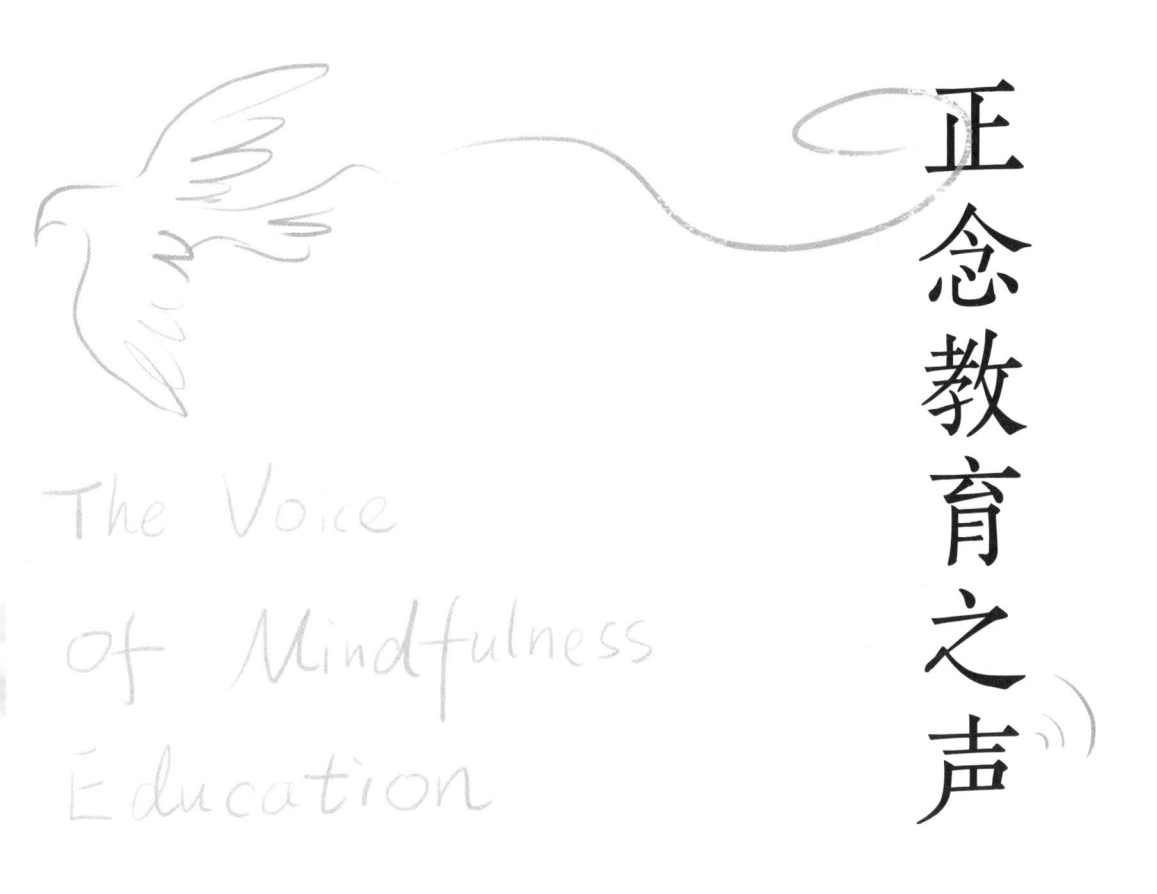

宋晓兰 主编

正念教育之声

The Voice of Mindfulness Education

浙江教育出版社·杭州

图书在版编目（CIP）数据

正念教育之声 / 宋晓兰主编. -- 杭州：浙江教育出版社，2024.3（2025.3重印）
ISBN 978-7-5722-7416-9

Ⅰ．①正… Ⅱ．①宋… Ⅲ．①教育－研究 Ⅳ．①G4

中国国家版本馆CIP数据核字(2024)第037364号

正念教育之声
ZHENGNIAN JIAOYU ZHI SHENG

宋晓兰　主编

责任编辑：王方家　　责任校对：陈阿倩
美术编辑：韩　波　　责任印务：沈久凌
装帧设计：钟吉菲

出版发行　浙江教育出版社（杭州市环城北路177号）
图文制作　杭州林智广告有限公司
印刷装订　杭州佳园彩色印刷有限公司
开　　本　710 mm×1000 mm　1/16
字　　数　215 000
印　　张　15
版　　次　2024年3月第1版
印　　次　2025年3月第2次印刷
标准书号　ISBN 978-7-5722-7416-9
定　　价　48.00元

如发现印、装质量问题，影响阅读，请与本社市场营销部联系调换，电话：0571-88909719。

致读者

正念是这个时代的礼物，它源自古代的人类智慧。如今，它经历了数千年文明发展的积淀，有了当代科学发展的助力，让我们得以去除其神秘外衣、理性客观地认识它和运用它。

就像本书第一部分中所说的那样，正念并不等于冥想打坐。正念训练作为一种心理保健的方法，已经被许多人熟知且接受，人们会将正念与情绪平和稳定联系起来。虽然许多人还是将正念当成一种"特殊"和"神奇"的心理状态，然而，正念其实是一种我们每个人都拥有，且可以通过系统的方法进一步发展的心理或精神品质，这种品质让我们可以真正地"活在当下"。

"活在当下"这个词，有时会被误认为指代的是只知享乐、缺乏计划或者不求上进，这其实是很大的误解。真正的"活在当下"，是将心理资源投注到任何或喜或悲或平淡的当下，包含全然享受快乐的时刻、全心全意投入生活中大部分看似平常的时刻，以及平和地直面那些动荡痛苦的时刻。正念是我们在任何时刻保持心的稳定和清明的内核，只有当我们的行为与之相连时，我们才真正地拥有当下这一刻。所以，活在当下并非不要目标，而是不被对目标的担忧、焦虑所困，真正地活在生活的每一个当下，既胸怀梦想又脚踏实地，梦想才能在脚踏实地的一刻又一刻中自然达成，做到"只争朝夕，不负韶华"。

所以，学习正念，培育我们自己的正念，其实目的并非止步于心情好、睡眠好、压力小（尽管正念练习的确有这些效果），更重要的是让我们真正拥有生活的法宝。

我自2015年因好奇而涉足正念领域，随后尝试练习正念、研究正念，再到开始教授正念，如今已经进入第八个年头。这八年来，我从在纸面上研究教育，转变为从一个孩子在学校和家庭中的日常以及一个老师在课堂内外的一点一滴的视角真正去了解和思考教育现象。这些了解，发生在我与来参加我的正念课的老师的交流中，也发生在我作为一个母亲，与我的孩子以及孩子的老师一点一滴的交往互动中，更发生在生活中的每时每刻。奇怪的是，我当然并不是从学习正念才开始接触和思考与教育相关之事的，但是，当我开始有意识地培育我自己的正念时，我才开始真正地了解我周围的世界。

像全天下尽责的其他母亲一样，我对一个生命成长过程中发生的事，尤其是心灵和行为层面发生的事也十分有兴趣，并倾尽全力想去了解它们。在学习正念之前，因为具有心理学研究和实践的专业背景，我拥有较丰富的发展心理学、教育心理学、心理咨询与治疗专业知识，这些知识让我"知道"哪些内部因素和外部因素能够影响个体的成长状况，让我可能比许多母亲更清楚如何让一个孩子健康成长，帮助我在为人母的过程中规避一些可能出现的错误教育行为。这些知识的确很有用，但是，在很多时候，它们还不够有用。

因为这种"知道"仍然是不够深入的，就像关于父母教养的心理学研究发现的那样，即使是受过良好教育的父母，也会忍不住对孩子大喊大叫。在"知道"和"做到"之间，隔着一条"真正了解"的河流。这条河流是那些期待影响另一个正在成长中的人的个体需要去跨越的，比如老师或者父母。正念学习，让我在这条河流上架起了桥梁，联结"知道"和"做到"，也联结自己与他人，乃至自我与世界，从而在为人父母以及为人师长的过程中收获无法言语的满足与幸福。

我们中国人常说"知行合一"。作为教育者，深知知行合一是至高的德行境界，也了解培养它的不易。学习正念的过程使我真正明白了"知行合一"是如何发生的。"知行合一"的基础，是"真正的了解"，了解自己内部发生的事，也了解他人身上和外界正在发生的事。

说来神奇，这种了解得益于正念练习中做了千万次的对身心经验的观察。身心经验内部，藏着我们与外部世界的关系，也是我们真正得以做出行为选择的起点。"做自己的主人，而非惯性的奴隶"，来自对当下处境的时空背景的理解，对自己在当下情形下有哪些选择的清晰认知，以及做选择的能力。这些正是正念练习中我们有意去做的事。

在这几年中，我和同事们重新认识了教师以及教育的定义。现代教育形式深受英语文化的影响。英语中的"教育"（education）一词源于拉丁文educare，意思是"唤起、引出、培养"，意味着人可以通过观察、探究和反思发觉本有的知识和智慧。《礼记·学记》中"君子之教，喻也"，也表达了启发是教育的核心。若我们认同教育的这种本质，对教育者应有职责的认识便会回归。教育者承担着理解、启发和培育教育对象的职责，而在这一过程中，教育者和教育对象的二元对立其实是可以超越的。就如园丁与花儿的关系：尽管花儿受到园丁的照料，但谁能说园丁没有受到花儿成长的滋养。帕克·帕尔默在《教学勇气：漫步教师心灵》一书中谈到教学，他认为：教师、学生与教学，是一个整体；教师带着觉察沉入生活的每一个瞬间……用自己的临在，唤醒学生的每一个当下。这无疑是优质教学、学生成长、教育幸福的根本成就之路。

几年来，我屡屡被一些教师在课堂内外的分享打动，更是经常被他们将正念运用于职业生涯的智慧和行动力折服。这些经历一来成为我自己练习正念的动力之一，二来也帮助了我在正念研究工作中深入思考如何帮助人们真正理解正念练习，也不断督促我将我所知以可行、能行的方式反馈给教育环境，反馈给老师、家长和孩子们。

本书内容为我们几年来的思考和行动的自然积淀，其中大部分文字曾在"正念教育"公众号上发表。这不是一本系统介绍正念科学原理的学术书，也并非正念自学指南，而是一本有温度、有力量的书，能够以非常自然的方式帮助人们快速了解正念如何被运用于教育。

书中内容分为以下几个部分：

第一部分是正念与教育。这部分较为清晰简洁地介绍了正念的基本概念，以及被运用于教育的基本背景、目标和路径。读者可以从中理解正念与教育的关系、为什么正念的精神品质对教育而言是重要且宝贵的、为什么正念对转化当下的教育焦虑和困境有巨大的潜力，以及可能的方法是什么。

第二部分是正念基础。这部分的内容对想要快速了解正念，并对正念练习感到好奇或者困惑的人尤其适合。其包含了对有关正念的误解的澄清，并介绍了最基础的正念练习的基本原理和方法。

第三部分是优秀正念教育应用案例。这部分介绍了国际上较有代表性的两个正念教育应用案例，分别是英国的正念校园项目（Mindfulness in School Project，MiSP）和美国的CREATE项目。虽然正念的思想渊源和方法学根源都来自东方文化，但在将它转化成当代人可以理解、易于接受和形式多样的系统方法方面，欧美国家有很多值得我们钦佩和学习的地方。其中一个原因是这些国家有着较为成熟的社会情绪学习课程体系。中国有自己独特的社会政治文化环境和历史传承，照搬这些国家的经验，在中国本土不一定合适。但这些案例对我们发展适用于当代中国教育环境和文化传统的正念教育体系仍然有借鉴意义。

第四部分是正念教育在行动。这部分呈现了正念教育团队在几年历程中发展出来的正念教育思想，并明确提出了减压、健心、育德的中国正念教育实践路径，以及基于这一路径设计的传承中华优秀传统文化、融合心理健康与人格培养、树立更高育人目标的正念教育方案。这一部分还呈现了浙江武义履坦小学的正念实践经验，让我们有机会了解一个积极行动的学校是如何基于自己有限的资源，将正念融入学校日常生活的。

第五部分是正念教师之声。这部分收录的文章来自第一届正念教育论坛的征文，以及正念教育（Mindfulness-Based Program in Education，MBPE）课程学员（大部分也是教师）在学习正念教育课程中的感悟。这些文字从学习者的视角真实呈现了他们在学习正念过程中的困惑和收获，朴素自然，读来尤其打动人心。

第六部分是正念师说。这部分内容来自对正念教育团队中正念师的采访。正念的教学与一般的教学有很大的不同。在正念教学课堂上，练习者自己的经验才是真正的老师，所以，正念师通常称自己为"带领者"而非"老师"。而正念师自己的练习，才是他们教学的根基。这也是正念为本（Mindfulness-Based）一词的含义。正念师作为正念的修习者，有着与普通人一样的学习经历，又有着比一般人更丰富的学习历程。同时，丰富的正念教学经验使得他们具有比一般学员更为立体的视角，能借以呈现正念与生活密不可分的关系。

最后是附录。这部分收录了我在正念家庭养育方面的一些心得，以及我对正念如何使养育这件事变得幸福和谐的一些思考。我们常说孩子就是家里的小禅师，孩子成长过程中带给我们的巨大挑战，其实是我们练习正念最好的机会。

目　录

第一部分　正念与教育 / 1

正念，一种朝向繁盛的教育 / 3

当代教育为什么需要正念？兼谈中国的正念教育探索 / 10

化解教育内卷的正念之道 / 23

第二部分　正念基础 / 27

正念是什么和不是什么 / 29

第三部分　他山之石：欧美正念教育应用案例 / 43

英国正念校园项目：教会孩子终身受益的心理自助方法 / 45

关爱教师，构建充满爱的校园——美国CREATE项目提升教师社会情感能力 / 52

第四部分　中国，正念教育在行动 / 61

中国的正念教育实践方向 / 63

减压、健心、育德——中国正念教育三部曲 / 64

正念教育　看见成长——履坦小学正念教育实施经验分享 / 70

第五部分　正念教师之声 / 77

正念，生命的礼物 / 79

正念，让我遇见更好的自己 / 85

孩子们，请和老师一起静心吧 / 88

正念于我 / 93

正念练习：教师通往幸福彼岸的彩虹桥 / 96

当生活中有正念 / 100

正念减压在考前心理辅导中的运用 / 104

正念对职业技能比赛选手心理训练的作用和启示 / 109

正念养育 遇见幸福 / 116

我与正念 / 121

在高中心理健康课堂中实践正念 / 126

三分钟的静谧 / 132

培育专注与有韧性的课堂——小学正念课堂实践报告 / 138

一位教师的正念"成长之路" / 144

在专注与友善的智慧中成长 / 148

正念常开智慧花 / 155

正念呼吸——一剂良方 / 158

当下·空间·自由 / 162

第六部分　正念师说：正念教育导师心路历程 / 167

正念是盏明灯 / 169

正念若水，润物无声 / 175

正念，"空"之为用 / 181

正念的根本是教育 / 186

正念是位智者 / 192

清醒地活在当下 / 197

每一刻都是慈悲修习 / 202

附　录　正念养育 / 207

正念做父母：养育孩子，自我成长 / 209

正念养育笔记1：上学迟到的路上 / 216

正念养育笔记2：写给我的女儿 / 218

正念养育笔记3：投入当下的黎明 / 221

后　记 / 225

第一部分

正念与教育

这部分收录的几篇文章,以较为简洁但系统的方式,介绍了何为正念,以及为何正念应成为卓越教育的根基。其中既有对正念在治愈和转化人类精神问题方面拥有巨大潜力的考虑,也有正念作为一种整合性且具有操作性的方法,助力教育将人类引向繁盛的心愿。

正念，
一种朝向繁盛的教育

宋晓兰

儿童及青少年时期的精神健康水平对个体一生的身心健康和社会适应状况有着重要的作用。随着生活方式的急剧变化，过去被认为是成人精神疾病的抑郁症、焦虑症等的首发年龄已经提前至青少年时期，焦虑、抑郁等情绪问题，校园欺凌、孤立等校园暴力，以及青少年时期的健康行为风险等都威胁着年青一代的精神健康。根据世界卫生组织的数据，在全球范围内，约七分之一的 10—19 岁青少年患有精神障碍，占该年龄组全球疾病负担的 13%；其中，抑郁、焦虑和行为障碍是引发青少年疾病和残疾的主要原因，未能解决的青少年心理健康问题会延伸到成年期，损害他们的身心健康，并限制他们成年后过上充实生活的机会。

随着正念训练在提升成人心理健康水平方面效果的不断显现，人们开始思考是否可以通过向年青一代传授正念技巧，让他们在迈入社会之前，学会正念练习的方法并理解它的原理，不仅在年轻时期了解并学习正念，并且将这种技巧带入成年生活，从而为他们一生的健康幸福打下基础。

正念是一种心理品质

作为近年来越来越频繁出现于公众视野的专业名词，正念最广为人知的科学定义来自正念减压疗法的创始人——乔·卡巴金。他将正念定义为：

通过有意地、非评判地注意当下经验而生起的觉知。

正念是一种心理品质，这种心理品质与个体心理健康和幸福感有着积极的联系。更为重要的是，这是一种可被训练的心理品质。

1979年，卡巴金将古典正念练习加以改编，使之与现代医学和心理学方法相结合，在马萨诸塞大学医学院开设了世界上第一个正念减压疗法（Mindfulness-Based Stress Reduction，MBSR）课程，专门指导饱受慢性疼痛折磨的病人用正念心理技巧应对痛苦，提升生活质量。随后，正念减压疗法成为当代正念训练的范本，与认知行为疗法结合而产生的正念认知疗法（Mindfulness-Based Cognitive Therapy, MBCT）在预防抑郁症复发领域取得了卓越的成果，成为英国国家卫生医疗质量标准署优先推荐的预防抑郁症复发的非药物方法。

针对MBSR和MBCT等标准化正念干预程序的循证研究显著推动了正念向健康相关领域的渗透。在随后四十多年的时间里，以正念为基础的方法从医学领域向心理、企业管理、体育、军事、政治、教育等多个应用场景延伸，一系列的以正念为本的身心训练体系（简称正念训练）在MBSR和MBCT的基础上被发展出来。虽然在不同应用场景下的正念训练程序在具体呈现形式、人数和师资要求上多少会有些不同，但它们均以发展正念心理品质并将其应用于真实生活为核心目标，且大多保留了MBSR课程中的经典元素：正念练习以及在练习经验基础上的讨论式教学。

与通常的学习形式不同，正念训练中没有太多的理论知识教学，具身学习（Embodied Learning）成为正念训练的突出特点。因为练习中采用了大量的指向身体经验的注意力技巧和以此为基础的回应心理体验（想法、情绪）的专项训练，正念训练也成为身心干预（Mind-Body Interventions）的典型代表。随着移动智能终端的普及，借助正念练习改善睡眠质量、缓解焦虑和抑郁等负性情绪的应用程序也发展得十分火热。

2021年，中国心理学会批准筹建了正念心理学专业委员会，而它的前身是中国心理学会临床与咨询心理学专业委员会下设的正念学组。这意味着"正念"突破了它最早作为一种心理疗法的身份，正在以一种更为专业人士所认可的学术概念和心理品质理念出现在心理学学术和实践领域。

正念训练在全世界范围内的广泛应用，主要得益于它受到的循证科学支持——截至 2021 年，已有超过 7500 项以正念为研究对象的科学论文发表，这些科学研究采用医学、行为学、心理学、神经科学等多种手段，解答正念是什么、如何测量和评估，以及正念训练对什么有效和为何有效等问题。总体上，研究揭示了正念训练在改善人们身心健康状况、提升工作效率以及促进人际关系和谐等方面的巨大潜力。系统、长期的正念练习可以提升练习者的认知品质，包括注意、记忆、自控力等与日常生活息息相关的心理机能，明显地增强情绪复原力，包括更少的负性情绪体验和更多的积极情绪体验，培育有利于人际和谐的共情、利他、宽恕与感恩等亲社会品质。相当数量的以功能性磁共振扫描（fMRI）为代表的脑科学研究显示，系统的正念练习增强了大脑的高级皮层前额叶—顶叶的功能，减缓了前额皮质随老化而变薄的速度，减弱了让人情绪化的杏仁核的活跃度，增强了促进人际理解的社会情感网络的功能，并且优化了多个脑网络之间的联结方式，使得练习者对信息的加工朝着更有效率、较少涉及防御与自动化反应的方向发展。这些脑科学的证据从神经活动的层面解释了正念练习的效果。与此同时，关于当代正念练习的理论框架也逐渐发展起来，能够从信息加工、态度与动机系统等各个角度解释这种起源于古老东方的心理训练方法为何在身心健康的诸多方面具有如此广泛的效果。

了解正念练习者在练习中所做的事，可以帮助我们理解正念练习为何能在如此多的领域显现积极作用。正念练习通常会有一个观察目标（例如呼吸时腹部的感觉），练习者努力让注意投放在那个目标上，观察目标的变化并保持专注，且需要时时留意注意的状态，当注意"溜走"时及时发现并重新引导注意回到目标上。在此过程中，不受心中的念头、情绪的干扰，以一种中立、平等的态度面对练习中出现的诸如分心和各种身体感觉等身心经验的起伏，是练习所指向的方向。

因此，正念在本质上是一种直面经验的方式，与我们习以为常的趋乐避苦的习惯相反，正念练习通过训练人以非评价的、指向当下而不是陷入思虑或情绪的方式来使用注意力，从而提高人以清晰、平等的方式面对所有经验的能力，这种能力即为"觉察"的能力，也是研究所揭示的正念起效的核心。为凸显达成这种觉察所需要的态度，"接纳"被视为与"觉察"同等重要的正念机制。

在上述过程中，情绪的惯性反应被不断地解除，因而正念练习最为人们所熟知的效果是缓解负性情绪反应。实际上，包括调节情绪在内的所有益处，都只是正念练习的"副产品"而非练习目的。正念练习本质上只是练习者透过精巧设计的心理操作，去学习如何更善巧地使用注意力，从而脱离脑中不由自主产生的思虑和情绪的胁迫，真正地处在当下。由于正念练习涉及的注意功能等基础心理机制在情绪、行为、社会功能中发挥底层作用，故与此相关的心理体验与行为表现上的改变都会自然发生。又因为身心之间具有微妙而深刻的联结，故正念练习也会带来生理健康方面的益处。研究发现，一定强度和时长的正念训练甚至会影响基因表达和免疫应答。

从临床治疗到学校教育

因为正念心理品质指向人如何面对内外部经验，包括如何对待生活经验以及如何对待内心经验，它联结的是人接触外界经验的入口，因而能够影响个体认知、情绪等方方面面的心理功能。然而，将正念带向校园，不仅仅基于正念练习本身在实践和研究中显现的那些效果，更为重要的是，与其他已知心理学方法相比，正念练习可能是一种相当经济且便捷的健康维护手段。正念练习不需要任何设备和专业人员，是一种一经学会便可终身使用的身心健康自我维护方法。因此，正念练习开始走出临床领域，不再仅仅是一种补充医疗手段，而成了一种被寄予厚望的公共健康维护手段。而校园作为公民健康教育的重要场域，就成了正念介入的重要渠道。

从正念练习的原理上来看这完全行得通，相关的科学研究也逐步发现儿童和青少年练习正念有可能获得认知、行为、情绪等方面的积极结果。例如在2019年发表的一篇针对33项独立的随机对照研究的荟萃分析中，数据显示儿童青少年学习正念，可以显著优化他们的执行功能和注意力表现，减少抑郁、焦虑与压力感等负面心理体验以及负面行为，这些结果与成人端的发现是一致的。这些研究大多数都基于欧美国家在教育情境下开展的儿童青少年正念实践展开，其中美国的正念校园项目（Mindful School）与英国的MiSP是较有代表性的校园正念项目。在这些项目中，自身有正念练习基础并接受过相应的儿童青少年正念课程师资训练的老师们在自己学校的课堂上，参照标准化的课程体系，向孩子们教授正念。与成人及临床环境下的正念训练不同的是，嵌入教育环境中的儿童青少年正念课程，通常有着更轻松活泼的课程元素（例如动画、故事、角色扮演）与更短的课堂正念练习时间（5—10分钟甚至更短）。并且，不同于MBSR、MBCT等标准化成人正念课程中每天长达20—40分钟的正念练习要求，儿童及青少年在课后的练习是个人可以选择的。也就是说，孩子们被鼓励去做正念练习，而并非强制。因而，教育场景下针对儿童青少年的正念课程，其意图更多的是在撒播"正念的种子"，而非强烈地指向"正念能力的立即提升"。至于这颗正念的种子何时开始发芽与生长，并不是教育领域的正念课程最在意的。就像英国的儿童青少年正念项目MiSP在教师指南中所展示的那样，课程最基本的意图是："让所有的孩子都知道正念；让大部分孩子能够享受正念；让很多孩子能够在当下一再地使用正念；让其中一些孩子能够每天练习正念；让尽可能多的孩子能够记住正念。"

学会正念地生活

值得注意的是，虽然正念进入现代科学体系和公众视野是因为它在缓解身心疾病方面效果显著，但人们对校园中的正念的期待还不止于此。课程设计者们除了期望正念在校园中能够强化那些年轻人的自我支持、终身可用的心理技能，从而有助于减少年青一代的未来精神疾病发生率，还希望正念技能能够提升孩子们的同理心和社会技能，帮助他们成为更友善和利他的社会公民，最终有助于构建理想人类家园。这些期待都与科学研究所发现的相符合。

因此，与正念在成人健康领域的发展路径不同的是，正念在未成年人中的应用，一开始就以"防患大于未然"的预防性思路（而不是治疗性思路）开展。在大多数面向未成年人的正念训练体系中，正念被作为一种增强注意力、提高心理韧性和情绪调节能力的心理技巧，通过心理健康教育和正念练习相结合的课堂教学，再辅之以积极心理学，以培育感恩、友善等积极心理品质。对英国、美国等已经将社会情绪学习（Social-Emotional Learning，SEL）纳入基础教育体系的国家来说，以正念为基础的心理健康教育课程，成了能够与已有SEL自然融合的介入方案。

与预防性思路相对应的是，面向年轻人的正念训练体系多以校园而非医院为基本的应用场景。校园是当代社会形态下教育的主要场域，在教室内而不是诊所中向所有学生教授正念心理技巧，成为一种被寄予厚望的心理健康教育手段。课程设计者们希望年轻一代能够通过练习正念学会回应压力的技巧、提升心理韧性，以迎接充满不确定性的未来。

除了将正念直接教授给儿童青少年，孩子身边的成年人是否能够在生活中体现具身正念（Embodied Mindfulness）也至关重要，甚至更为重要。显而易见的是，孩子们实际上并不是通过老师或家长口头教了什么去学习，而是通过他们的实际行为去学习，尤其是对于心理技能而言，身边的成年人如何面对生活起伏、表达情感，才是孩子们社会情绪学习的土壤。如果我们期待孩子能够学会正念地生活，那么对他们有重要影响的大人们——老师和家长——就需要在自己的言行中体现正念，这本身也符合正念练习的精神——真正的正念是指向生活、体现于生活的。正念不仅仅出现在课堂上，更是体现于生活中，体现在人们如何吃饭、走路、做事，如何与人沟通，如何在平常的生活中处于一个又一个当下等方面。在所有当代正念课程中，也都包含了将正念的品质有意识地应用于生活实际的指导和相应的练习。

因此，就像面向成人的正念教学中强调的那样，教授正念者，自己首先要是一个正念练习者并在生活中践行正念，这也是正念为本的深层含义。

此文为《上海教育》的特约稿件，最早刊登于《上海教育》2022年第12期，略作修改。

当代教育为什么需要正念？
兼谈中国的正念教育探索

宋晓兰

正念与心理健康的关系

正念，作为一个概念，无论是传统语境下的正念，还是后来经卡巴金发展的当代正念，它们所描绘的心理品质，都不是一个新创造的东西，而是一种普遍的、深藏于人类心智中的能力，即如实、不加评判地对当下经验的注意。这种注意能力对一个人的心理健康和人格健康都非常重要，甚至可以说，一个人的内在（心智）健康程度与其在多大程度上保有和显现了这种心灵品质是正向相关的。这种健康，是一种由内而外的健康，也就是在今天的科学语系下所指的认知、情绪和社会关系的健康。虽然我们今天用认知、情绪和社会关系健康这样的分类体系来描绘一个人的内在心理特征和外在行为表现，然而，认知、情绪和社会关系能力的背后，都有一个共同的心理能力源头，那就是"一个人以何种方式来面对经验"，这也是所谓心理运作的发动机。

这恰恰是正念心理品质所指向的层面：如实面对经验，以及因为如实面对经验而产生的人类智慧的最高形式——觉察。今天科学心理学语系中的"元意识"与此有一些对应，但是似乎并未揭示这一能力的全部图景。实际上，我们今天所知道的是，过度使用经验回避和扭曲等与"如实面对经验"完全相悖的心理防御机制，是许多心理健康问题的原因。而正念心理品质以及为了发展这种心理品质而进行的练习，恰恰能够揭示出个体从不良心理防御机制中解脱出来，朝更高心理健康水平发展的路径。一个人越能"如实面对经验"，他的认知就能够越专注和高效，情绪就越有弹性，也越能真正理解他人，这自然会带来更恰当的行为选择和更和谐的人际关系。所以，正念心理品质指向的是个体健康心灵的根本。而无论是古代智慧还是现代科学，都已经认识到人的心理或精神世界和生物性特征是相互影响而不可分离的。因而，正如越来越多的实证研究所揭示的那样，以正念心理品质为核心的训练方法，不仅有利于心理健康，也对免疫系统甚至基因表达等生理健康层面有积极影响。[1][2]

对教育而言正念之必要性

对人类个体而言，注意是心智与大脑对信息（外在或者内在）进行加工的重要操作，虽然不一定是"初始操作"，但这种心理运作代表着将认知资源投注在特定的、被选定的信息上，而忽略其他信息，从而使得对被选择信息的后续深度加工成为可能。人类的注意功能具有可散漫、可专注、可训练的特性，如何基于注意的特点来有效开展教育活动，对于教育活动的品质必然是十分重要的。正是基于此，"美国心理学之父"威廉·詹姆斯在其经典著作《心理学原理》中这样写道："主动将散漫的注意力一次又一次带回来的能力，是人的判断力、人格与意志力的根源。一个人若没有这项能力，他就不是自己的主人。能够提升这项能力的教育，就是卓越的教育。但是实际指导培养这项能力，比定义这项能力，要困难许多。"

---

1. Schutte, N. S., Malouff, J. M. (2014). A meta-analytic review of the effects of mindfulness meditation on telomerase activity. *Psychoneuroendocrinology, 42*, 45-48.
2. Black, D. S., Slavich, G. M. (2016). Mindfulness meditation and the immune system: A systematic review of randomized controlled trials. *Annals of the New York Academy of Sciences, 1373*(1), 13-24.

造成注意散漫的一个深层次原因是，因为对经验的好恶，人类的注意有着高度的偏向性，关于这一点，心理学研究中已经有许多的证据。也就是说，人类总是不能给予实际上可能具有同等价值的信息以同等的待遇。人们倾向于投注过多的注意在自己偏好的信息上，这种偏好可能是正性的信息，也可能是负性的信息，从而使得这些信息在心理加工中具有优先权。决定偏好倾向的性质和强度的因素，既有进化和遗传方面的，也有后天习得的。我们对这一点的认识与它所能形成的影响的严重程度往往是极不匹配的。

但是，与此同时，人类也具有"无偏向注意"的潜力，这正是正念心理品质所指向的，也是正念训练得以开展的基础。我们每一个人，都曾经有过这种心理品质展现出来并体验到它的力量的时刻——身心放松而又高度专注于一项工作，或轻松而投入地与至亲交谈，同时又能清晰体验到流动的内部经验，以及感受到与当下的人或事物之间不可名状的联结和感动。它也会出现在一位母亲凝视着自己刚出生的孩子，感受到小小身体中的生命力量的时刻。在这种时刻，注意力是清晰而又开放的，而不是散漫或紧张而狭窄的。现代心理学对于"心流"（Flow）的研究，已经开始触及这一层心理品质。

所以，正念心理品质所指向的注意状态，并不是什么稀罕之物，它是人类心灵本来就具有的内在能力。正是因为有这种能力，婴孩才能够以极其生动而丰富的方式逐渐建立与这个世界的健康关系（虽然受家庭和教育等因素的影响，随着个体的成长，这种能力会逐渐变得较为受限而较少显露）。重要的是，我们现在知道，这种生而有之的心理品质，会决定经验对我们产生何种影响。在面对痛苦的经验时，正念的心理品质会支持心理系统纠正那些自动化的扭曲和回避式的心理加工，从而使得经验在当下就不那么痛苦（这在很多研究正念与疼痛的心理学研究中已经得到了验证）。或者，正念的心理品质会帮助个体清晰地承接当下经验的全貌从而减少无益的反应，采用更为恰当的决策和行动，使得未来出现这种痛苦的可能性降低。在面对中性的经验时，正念会纠正我们对中性经验的习惯性忽视，比如，洗澡时水流经过身体的感觉，走路的感觉，微风吹过脸颊的感觉，阳光洒在皮肤上的感觉。这种"纠偏"就好像把一个模糊的相机镜头擦拭干净，从而使拍得的照片变得清晰——那些我们以为微不足道的中性经验会变得生动、丰富和立体，生活本身也会变得更为有趣。此时，我们也就不再需要使用过度的外在刺激来人为地制造愉悦感，因为这些中性的生活经验本身就已经足够有趣和让人喜悦了。同样地，当正念的心理品质被应用于面对那些本来就愉悦的经验时，它会因为增加了愉悦经验的细节，而使愉悦变得更加丰富和立体！在今天这样一个科技迅猛发展、物质和信息丰富但是人们却仍然感到无法满足的现代社会中，正念的心理品质显得尤为重要。因为对正念的有意识地使用，意味着我们将从被过度刺激和超负荷的信息所捆绑的生活中解放出来，回归"幸福从内生"的人之精神本源。

以上部分，是当代正念为本的心理干预体系所使用的方法和意图的核心。无论是当代正念的"开山鼻祖"MBSR，还是将正念编织到经典的认知行为疗法中用以抵抗抑郁症复发的MBCT，还是在MBCT基础上发展出来、融合了更多朝向正向经验、更适用于非临床健康人群的"生活中的正念认知疗法"（MBCT for Life），都以正念心理品质"支持心灵如实反映经验本身"为基本的概念框架，并借助系统的正念练习来有意识地发展这种品质。

此外，正念心理品质对于开发和提升人类的善心和品德水平，有着尤为重要的价值。在社会心理学研究的领域中，关于人是否具有"完全利他的行为动机"，是有争论的。有一派观点认为，大部分人是基于价值计算的理性原则来进行决策的。我们帮助他人，是因为存在这样做对我们有好处，包括会带来回报或者使得自己免受良心的谴责等动机。而另一派观点认为，尽管利益计算在相当大程度上影响着人类的行为，但这仍然不能掩盖人类具有完全纯粹利他动机的事实。这个争论在相当长的时间内还会存在，但关于正念的科学研究已经有了一些证据，表明正念心理品质与"关怀他人"这种宝贵的人类美德具有明显的联系。当面对身处痛苦中的他人时，人类的情感和动机往往十分复杂，既有关怀和同情的美好情感，这种美好情感会直接推动我们采取行动去解除他人的痛苦,同时,也会因感同身受产生不舒适的甚至痛苦的体验,这种体验往往使得我们想要做点什么来改变——帮助他人或者逃避(例如赶紧离开,或者通过合理化的方式让自己在心理上与他人的痛苦拉开距离)。已经有一些研究揭示出正念能使人类个体更为接近自己最为美好的"利他动机"——关怀、同情他人的美好情感(实际上用"慈悲"更为合适,里面既包含了关怀他人的美好情感,又包含了对痛苦之人的理解以及直面痛苦并想要解除他人痛苦的勇气)。一些心理学研究发现正念心理品质与利他动机、行为和情感均有联系。更重要的是,因面对他人痛苦而产生的个人痛苦有可能是阻碍我们伸出援手的原因,若正念练习有助于帮助个体从这种对痛苦的回避动机中解脱出来,更多的出于关怀而不是解除自己的痛苦的动机去帮助别人,那么这种对真正利他行为的促进,对于助人者和受助者而言都是一种福祉。这既符合正念训练的经典理论的观点,也与正在不断增多的正念练习与利他行为之间存在正向关系的研究结果相吻合。

因此,正念的心理品质对于人类强健的心灵——清晰的头脑、健康的情绪和良好的人际关系,以及那些真正支持社会朝向更好方向的人类美好情感——对更大群体利益的真正关心,都是十分重要的。这是我们希望通过审慎的、优秀的课程设计在教育中深入发展正念心理品质的原因。需要强调的是,这种寄希望于通过有意识地培育和发展正念来让教育更为健康的意图,并非仅仅指向教育生态中的被教育者——孩子,而是包含所有人——教师、家长和孩子。与此一致的是,学校作为现代公共教育体系的主要实施场所,应该成为支持教育工作者和学生成为健康个体的地方,成为充满爱与关怀的地方。营造这种内生的爱与关怀的气氛,将自然引导教育者以更为吸引人的方式进行教学,并促进学生进行更为有效的学习。目前,已经有一些优秀的基于校园的正念教育应用案例在全球范围内出现,这些案例中,教育生态中的教师、家长和少年儿童均被包含在内,让我们看到了涵容教育过程中包含所有人和所有环节的整体性方法所能成就的美好图景。例如美国的"在教育中培育觉察和复原力项目"(Cultivating Awareness and Resilience in Education,CARE),它是专为教育工作者设计的基于正念的教师职业发展项目,旨在通过提高教师和学校管理人员的觉察、存在的能力以及发展慈悲心和灵感,来处理教学压力,预防职业倦怠,进行充满活力的教学,从而重新发现教育的乐趣,并进一步帮助学生在人际、情感和学术上获得进步。针对CARE的研究已经发现了该项目在减少教师压力,提升教师的社会情绪能力、自我效能感和幸福感等积极指标上的显著效果,这有助于建立亲社会课堂模式和收获良好师生关系。并且,该项目对学生的学术能力、社会和情感技能也具有积极的影响。所有这些,都让我们看到了正念心理品质在深深植根于人际互动的教育环境中,可以有多么重要的作用。尽管CARE项目是针对教师的,但是它的力量仍然可以流动和浸润到整个教育活动中。

当代教育更需要正念

现代化的学校教育诞生于第一次工业革命,但"教育"本身并不是人类走入工业革命后才产生的活动,我们需要在一个更广泛的时空背景下思考教育的实质。对正念心理品质所关乎的心灵健康层面能力的培养,是处于所有时代背景下的教育都应该坚守的"教育之根本"。在今天这个时代,重提这一对教育本质的认识,具有特别重要的意义。在全球化和知识共享潮流正加速进行的今天,传授知识和技能本身在教育活动中已经不是唯一重要的实际目标,教育的基本目标正在从工业时代的培养合格的工人和管理者向"能力的培养和幸福的提升"发展,无论在能力的层面还是在精神的层面,教育都应该让人能够做机器做不了的事。"幸福"——提升个体体验意义和获得幸福的能力——已经开始成为可实现的教育理想。哲学家卡尔·雅斯贝尔斯在《什么是教育》一书中指出,教育关乎人的灵魂,而并非理智和认知的堆积……教育的本质如同一个灵魂唤醒另一个灵魂。更直接地说,好的教育应帮助人走向"自我实现"(自我实现是人本主义心理学家马斯洛提出的概念，是人类需要的最高层次）。这些教育在人类心灵层面的深层意图，是自人类有教育活动以来就未曾改变的，随着时代和社会的发展，今天的教育有足够的条件去追求它们。世界经合组织（OECD）发布的《学习罗盘2030》描绘了面向未来的教育目标，其中"自我定向"，也就是在高度不确定的未来做决策——被作为一个非常核心的教育目标，来帮助个体向人类的繁盛发展和共同福祉迈进。在这个过程中，教师与父母通常会被当成"教育者"，而孩子处于"被教育者"的地位。如果我们承认教育的过程是一个灵魂唤醒另一个灵魂，那么教育者的"灵魂"质量就显得非常重要。这个所谓的"灵魂"，即整个心理活动的过程，决定了我们如何回应经验。所以，教育质量的首要决定因素，是教育者是否有一个"健康的灵魂"，即现代心理学语系中的心理健康。如前所述，正念的心理品质是心理健康的根基和滋养源泉。所以，正念教育的首要问题，其实是培育和发展教育者的正念心理品质。教育者的正念心理品质，会支撑他们在教育活动中自然地将"一个灵魂唤醒另一个灵魂"的过程引向"自我实现"，进而朝向"世界大同"的美好方向。这也是以CARE为代表的那些旨在通过提升教师的正念来发展教育幸福的项目的设计初心。

如果我们考虑到人与人之间相互影响的实质，那么在一个成年人与孩子的互动中，充当教育者的那个成年人也会受到被教育者——孩子的影响。因此，即使是专门为孩子设计的正念教育方案，实际上也会对教育生态中的教育者产生影响。相比之下，在今天的教育环境下，这种孩子对成人的影响程度，可能不如成人对孩子的影响那般大。这也是许多国家的正念教育实践都以成年人为对象的原因。

除了上述谈及的从教育实质的层面来理解正念心理品质对教育的巨大价值，还有许多相对"浅层"却同样重要的"理由"，值得让今天的我们对正念教育的价值给予足够的重视。正念心理品质与多种关乎教育成效的智力因素及非智力因素均有紧密的关系，例如注意、专注的能力，情绪管理与调节的能力，人际关系能力，等等。在许多正念教育已经全面走向实践领域的国家里，正念为本的心理健康教育课程，被定位于"社会情绪学习"课程体系中。在如今发达国家的教育体系中，社会情绪能力作为最被优先考虑的学生心理品质而备受推崇，因为它是关乎青年人未来社会适应状况和人生幸福程度的一系列心理能力的总和。它包含了自我意识和自我管理，社会意识和人际关系技能，负责任的决策能力等，而正念心理品质可以支持上述所有心理能力的正向发展。因此，许多率先将正念引入学校心理健康体系的项目，都以发展学生的社会情绪能力为基本目标。例如英国的MiSP，以及美国的正念校园项目。这些项目已经实践了相当长的时间，在课程设置、项目实施以及配套研究上都形成了许多成果，为正念教育在全球的发展开辟了道路。

中国正念教育的启蒙与发展

随着当代以MBSR为代表的一系列正念为本心理干预方案在中国大陆的传播，一些较早学习到这种方法的教育界人士开始思考，如何将这种结合了东方古老的心性训练的方法和现代心理治疗的心理干预体系应用在解决教育问题上。这似乎也是当代正念在全球传播的共同规律。人们的生活节奏随着全球科技和经济的加速发展而不断变快，实践"活在当下"的生活哲学变得尤为重要。尽管中国在教育普及和教育公平方面的卓越成绩有目共睹，学生在学业方面的高成就也是事实，但是，在近几十年经济的飞速进步中产生的发展不均衡问题，伴随陡增的社会压力层层传递到了教育领域，导致教育焦虑弥漫在几乎所有相对发达的城市地区（因为移动互联网的普及，这种焦虑也很容易波及不那么发达的地区）。学生从小生活在被过度安排的环境下，一切活动都指向明确的目标，课外学习时间长，休息和运动时间被一再压缩，近视率居高不下，心理问题的检出率逐年上升。在这种背景下，一些学习了当代正念的教育界人士，开始思考如何将正念带入教育领域，从内而外地转化教育焦虑，实现教育的柔性改革。较有代表性的工作，来自我所在的浙江师范大学心理学院正念研究实验室联合麦普正念等多家机构组成的正念教育团队所做的一系列尝试。早年从事意识心理学研究工作的经历为我创造了走进正念心理学领域的机遇，在接触到当代正念的方法后，我意识到这是一种触及人类深层意识能力的方法，在教育领域具有巨大的价值。因此，我们一方面通过科学实验的方式揭示正念训练的基本过程和原理，一方面着手通过以下几个路径，将正念带入校园。

第一，将正念训练引入教师职后发展培训体系。就浙江的经验而言，虽然教育的最终对象是未成年人，但正念为本的方法真正在教育上引发回响，是从将正念减压介绍给教师开始的。2017年春，通过我的同事王志寰教授的引荐，我们邀请到中国台湾的MBSR导师胡君梅老师来为浙江省的近60名教师开设了为期3日的MBSR工作坊，得到了老师们的一致好评。这应该是中国较早在教育领域开展的教师减压工作坊。在当时，学校的心理健康工作虽然已经开展很多年，但工作均围绕学生心理健康教育与心理辅导展开。教师作为学校教育的实际执行者，他们的心理健康和生活品质没有受到应有的重视。人们默认教师是天然具有师者美德和教育能力的人，教师的劳动负荷和工作压力对教师心理健康的影响没有受到关注。在近些年的国民心理健康报告中，教师的心理健康状况在众多职业中是相对较差的。自2017年第一次尝试将MBSR带入教师群体开始，教师的投入和反馈让我们看到了他们寻求职业幸福的巨大动力。同年秋天，我们开始正式在教师专业发展培训系统内举办正念教师模块化培训，来自中国台湾的温宗堃老师带领了为期5日MBSR工作坊。此后，我们将MBSR和MBCT以4日工作坊的形式，介绍给了一线教师们。在此过程中，较早推广MBCT的中国台湾正念助人学会的李燕蕙教授和石世明医师也曾来到浙江给教师们授课。

将正念训练引入教师职后培训系统的意义是巨大的，因为它意味着教师可以使用自己职后发展培训的机会来系统学习正念训练的理论和方法，同时获得继续教育的学分。自此，正念教师模块化培训开始在浙江省内连续举办，报名者踊跃，正念教育的知名度开始在教师群体中迅速提升，有了一些与省内各地教师进修学校合作的机会，授课的形式也从最初的 4 日工作坊，逐渐发展出了短至半日讲座，长至 5 日工作坊等多种灵活的形式，绝大多数的培训对于教师都是免费的。在浙江省，有超过 5000 名教师参加过各种形式的正念讲座或 1—5 日的体验工作坊。随着中国 MBSR、MBCT 师资培训的开展，正念教育团队也从最开始的校外聘请师资，逐渐发展到拥有自己相对稳定的师资团队。以工作坊的形式给教师以正念的体验，引起他们对正念的兴趣和提供初步学习的机会，是这个阶段最主要的工作。这种形式使得正念为本的心理培训可以很方便地嵌入教师们已有的继续教育计划中。

第二，依托教育改革项目，探索正念教育创新。我们团队利用国家鼓励教育创新的机会，积极寻求教育部门的支持。在 2018 年，团队申报的"基于当代正念科学的学校生态体系构建与实施"获得了教育部学校规划建设发展中心创新课题——未来学校 2020 指南的重点项目资助。在这个项目中，我们开始尝试以多元化的方式在校园中实施正念教育实践，包括继续完善正念教师模块化培训体系，开发和推广正念父母课程、正念少儿课程，以及开展特殊儿童（例如多动症儿童）的正念干预。其中，正念教师模块化培训在完成了初期利用工作坊的形式进行普及推广的工作后，开始开设正念教师 8 周课程，顺应了教师在初期的工作坊体验后自然萌发出的想要深入学习正念的需要。许多已经开始学习正念的教师希望将以正念为基础的方法融入自己的工作中，包括自己的课堂和学生的家庭。因此，在青少年群体和父母群体中介绍正念和发展课程，就变得比较自然。其中，正念少儿课程参考了英国和美国一些较为成熟的青少年正念项目，也根据中国文化和所在学校的特点做了许多设计上的考虑。例如尝试基于班级的正念为本心理健康教育课程和基于团体辅导的心埋社团课等活动形式。正念父母课程体系则以荷兰的苏珊·博格尔斯教授的正念养育课程为基础，融合中国家庭和东方文化的特点，发展出了为期 2 日的正念父母工作坊与为期 10 周的正念父母课程。但是与正念教师课程相比，父母和孩子的课程，都需要在国家已有的培训体制之外进行，推广起来就不是那么容易。在这个项目的支持下，正念教育工作开始真正以系统有序的方式发展起来。发展课程和开展培训只是整体工作中的一部分，更重要的是探索如何通过机制的建设来保证正念教育持续发展。因为面对庞大的教师和学生群体，仅有的几名正念师资是远远不能满足需要的，正念教育的可持续发展需要来自教育体制内部的力量。

第三，成立专项基金，为正念教师提供持续的学习路径。能够将正念为本的教育措施融入校园环境的真正实施人是基础教育领域的一线教师，这是美国、加拿大和英国等正念教育先驱国家的实施经验，也符合我国的基础教育基本现状。为此，我们团队基于正念教师模块化培训的良好效果，在受训教师逐渐增多的基础上，建立了正念教育志愿者队伍。这也是许多教师参加正念教师培训后的自发自愿诉求——如何才能将正念应用到自己的工作中，真正影响自己的课堂，让教育教学变成一个师生共赢、互相成就的过程。正念教师专项基金于2019年成立，后发展成了正念教育专项基金，并成立了正念教育发展委员会，专门支持正念教育方面的工作。成立初期，我们在已经接受过正念培训的教师中招募了"正念教育志愿者"来促进和支持教师们在正念培训后的继续学习，为他们提供每周至每月一次的线下或线上的讲座、沙龙、研习会等公益活动，支持他们将正念真正融入自己的工作和生活。其中一些教师，开始向同事分享正念，或者在自己的班级中给学生进行融入正念的教学或开展行动研究。与此同时，我们还通过举办征文、论坛和正念教育读书会等方式，使这些教师能够有机会就"如何在教育教学中更好地融入正念"进行专题研讨。在征文活动中，正念教师们用文字总结和分享了自己是如何学习正念、如何在生活中融入正念的，这些来自教师自己真实生活的经验最能引起教师们的共鸣，部分文字将呈现在本书的第五部分"正念教师之声"。在2020年举办的首届正念教育发展论坛上，来自全省各地的近百名正念教师们参与了会议，分享了自己练习正念、将正念的态度和技巧融入教育工作中的经验，并讨论了下一步的工作思路和计划。正念教育研习会是正念教师们进行正念实践的持续保障,研习会选取教育实践中的主题,结合正念训练的基本原理与方法,探讨如何将正念的精神和方法应用到实际教育生活中。在初期通过正念教师模块化培训完成对教师的正念教学后,这些团体和活动给予了这些教师持续练习正念和实践正念的强有力支持。当他们能够持续地练习正念后,在生活中应用正念、在工作中向他人介绍正念就成了十分自然的事。

第四,提出正念教育MBPE计划。通过几年的摸索,正念教育的路径逐渐清晰。我们发展出了MBPE项目,来承接、统一和发展前几年的正念教育探索成果。2021年,麦普正念、浙江师范大学心理学院正念研究实验室、北京大学医学院正念课题组等机构共同发起了正念教育MBPE项目。MBPE旨在将植根于中国文化和正念科学理论的正念为本训练体系带入教育情境,为教育生态中的教师、父母和年轻人提供以科学理论和实证研究为基础的正念教育训练体系。MBPE明确提出了正念教育的核心,即"以提升人的身心健康为基础,以完善人的品格为核心,以促进人的全面发展为最终目标",其所指向的是教育的根本,是卓越的家庭教育、学校教育和社会教育的基础。目前,MBPE项目已经有一些更适用于中国本土文化和教育场景的课程体系在持续的开发、实践和改进过程当中,配套的师资体系也在建设当中。

正念教育探索的一些启示

将正念训练引入基础教育领域,并不是一件容易的事。在这一过程中,我们遇到过许多的困难,但总有一些力量在无形中推动着我们前进。这或许是因为,正念是人类心灵最可贵的品质,并且我们的社会真的非常需要它。使人幸福和促进全人类的共同繁荣是教育的终极目标,而持续地发展人们的正念心理品质,是实现这个目标的可靠支持。在数年的正念教育探索中,我们认为,以下几个方面对于将正念带入实际教育场景来说是非常重要的。

第一,将正念引入教育,需要有自下而上的自发需求。在我们的工作中，这个需求首先来自教师。教师作为校园氛围的营造者，对整个教育生态有着非常重要的影响，是教育工作的中心。在教师了解正念，教师的生活中有正念后，教师影响到的学生和家庭就会自然地发生转变。

第二，在教育系统中推广正念时，需要充分考虑学校本身的文化和行政组织特点。一些学校的管理者对正念可能会有先入为主的误解或偏见，担心这种课程会具有宗教色彩。如何向组织介绍正念，将正念作为一种自然的心理品质介绍给受众，并且凸显正念训练的科学依据，就显得十分重要。在训练形式上，也需要积极探索形式多样的、紧扣正念本质心理特点的教学形式。欧美的许多正念教育课程设计，在这一点上都做得非常出色。

第三，积极寻求社会团体的支持，汇聚多方力量来推动正念在教育中的应用。在我们的经验中，只有当来自教育管理机构、研究机构、其他社会团体的力量和基础教育内部的力量结合在一起时，推动正念在教育中的应用才会变得比较顺利。

第四，与科学研究相配合，使得正念教育更有底气。在几年的正念教育摸索中，我们团队依托大学的研究力量，持续收集课程效果的研究数据，同时配合进行正念教学的质性研究和正念训练机制的心理学基础研究。这些研究的成果逐渐积累，成为正念教育科学可靠的强大依托。

第五，对教师给予持续的正念学习支持，是正念教育活力的保障。这其实是最为重要的一点。正念训练本身具有只有长时间练习积累才能显示出巨大作用的特点，若没有持续的练习，正念很容易仅仅成为一种理念而非实践。对于教师而言，在本已忙碌的生活中抽出时间来练习正念，是非常不容易的。团体的支持在维持个人练习的初期阶段显得非常重要。如果没有后续的支持，即使教师在课程中获得良好的体验，回到生活中也容易放弃练习，而教师自己正念地生活，是他们能够以正念影响他人和分享正念的前提。

此文最早发表于"麦普正念"公众号，为"当代教育为什么需要正念"系列文章之一。

化解教育内卷的正念之道

楼 挺

教育内卷是什么？

内卷是一个生态用语，是一个系统在进化过程中必然会遇到的一种退化现象。内卷会产生巨大内耗，导致极端的低效和很多严重的负面后果。教育的内卷表现为随着在教育事业中投入资源的增多，在达成教育根本任务上的效果却不见提升。

我国教育的根本任务：立德树人

我国把"立德树人"作为教育的根本任务，即教育的目的是培养出"德智体美劳全面发展的人"。从这几年的教育实践来看，那些"以分数和升学为第一目标"的教育，是孩子心理问题频发的主要原因，这已经与教育的根本任务背道而驰。

教育内卷对于孩子的危害

危害一：身心资本提前透支。对于孩子来说，教育内卷最大的危害就是"身心资本的提前透支"。当孩子的承受力还停留在二三十斤的时候，

楼挺，正念教育 MBPE 联合发起人，麦普正念创始人，资深正念师，正念太极创始人。

我们却想要让他承受四五十斤，甚至七八十斤的负担，超额的负荷压垮了孩子，透支了孩子的生命力。当孩子们迈入大学，真正开始自主生活时，就算表面忙碌，内心却无所适从，不知生活有何意义。这种心理现象较为普遍。其原因往往在于他们在小学、中学阶段从未真正生活过，被过度安排的生活掏空了他们的身心资源，这种"空心病"在人格上造成的后果是非常严重的，丢失的是一个人毕生发展和幸福的资本。

危害二：人格被扭曲。当孩子们被"提高一分干掉千人"的标语包围时，追求真理和服务社会的理想早已被比较之心蒙蔽。这种过度强调竞争的教育氛围如何能够培养出具有仁爱之心和社会责任感的年轻人？终日处于排名文化下，孩子们眼里只能盯着自己和他人的差距，看不到完整的自己，更看不见真正的他人和更广阔的世界。唯排名是瞻的教育只能导向扭曲的人格。

危害三：心理健康严重受损。教育内卷消耗了孩子的身心资源，严重威胁他们的心理健康。据《心理健康蓝皮书：中国国民心理健康发展报告（2019—2020）》显示，我国11—18岁青少年的抑郁检出率为24.6%。当重重压力带来的心理负担超出孩子们的身心承受范围时，各种心理问题就会爆发。

教育内卷对教育者的危害

危害一：健康风险大幅提高。长期处于高度压力的状态下必然带来严重的身心健康问题。正念教育团队2019年针对6000多名一线教师开展了压力调查，发现健康危险性压力的检出率达61.72%。我国第一部"心理健康蓝皮书"——《心理健康蓝皮书：中国国民心理健康发展报告（2017—2018）》指出，我国教师心理健康水平呈逐年下降趋势，主要心理问题为抑郁和焦虑，中小学教师心理状况差于一般国民群体。

危害二：教育行为严重变形。教育者的身心健康状态与教育的品质密切相关。"师者，传道授业解惑也"，教育是在教育者和被教育者的交流互动中实现的。相比能力和学识，教育者的心灵是更为重要的教育资源。一个心理不健康的教育者，即使拥有再多的学问和能力，也很难真正将之传递给学生。压力会使教育行为变形，教育的效果随之受到严重影响，而教育者的心理扭曲更是会危害学生。

危害三：立德树人严重受阻。持续的高压力会抑制人的智慧和仁爱。高压状态下，人脑会进入低回路模式，行为陷入防御式的应激和冲动模式，这种模式与体现智慧和仁爱的开放、趋近模式是不相容的。然而，以立德树人为根本目标的教育，是需要基于教育者的智慧与仁爱的。当教育者处在持续的高度压力下时，立德树人教育根本任务的实施也会受阻。

教育内卷的心理根源是什么？

根源一：焦虑心。焦虑往往源于对未来不确定性的担心与害怕。严重焦虑会导致心理障碍，阻碍人的能力和素养的实现。教育焦虑已成为一种弥散性的社会现象，让不少家庭不堪重负，让孩子不堪重负，也让教育者不堪重负。

根源二：比较心。比较心以评价模式和外在标准为基础。这些评价和标准往往与一个孩子真正的需要和成长规律相悖。适度的比较也许有助于教育，但过度的比较必定会产生各种负面的心理体验和严重的后果，是没有智慧的表现。

根源三：不自信。每个孩子都有独特禀赋，不自信的教育者往往无视这一点。教育者如果没有自信，也就无法信任孩子。"天生我材必有用"这句话在我们的文化中已经存在了一千多年，如今却常常被"内卷"践踏在脚下。自信时常被贬低为由比较而来的"优越感"。没了自信，"别人家的孩子"处处是优点，而自己的孩子却处处是不足。

正念如何化解教育内卷

从科学实证的角度来看，正念训练可以很好地缓解甚至从根本上化解三种导致教育内卷的心理根源。

第一，正念化解教育焦虑。正念是一种聚焦于当下的身心合一的训练。焦虑情绪的主要成因在于过分为未来担心，分散和过度消耗了人的心理和生理资源，而无法全身心投入当下最重要的事情中。正念训练可以让人从对未来的担心中走出来，慢慢集中注意力于当前最要紧的工作和学习本身，心无旁骛，全力以赴，脚踏实地做好手头每一件该做的事情，这种身心合一的状态不仅可以极大地提高工作和学习的效率，更让焦虑情绪无缝可钻。更重要的是，即使出现焦虑情绪，正念训练可以培养人以一种宽容的态度和温和的觉知抱持住焦虑情绪，这是化解焦虑的根本。

第二，正念化解比较之心。比较之心源于评价，而正念训练能够培育不评判或者说超越评判的生活态度。当一个人带着各种评价看待世界时，就像戴着很多副有色眼镜观看世界，这样往往是看不到世界的本来面目的。不加评价的训练核心是放下评价，放下有色眼镜，以一种纯粹的眼光看待世界，只有这样才能真正看清楚现状，看清楚孩子的独有禀赋。

第三，正念培育无条件的信心。每个人的存在都有其非凡的价值，这种价值并不会因为这个人的能力、职位、学业成绩等的不同而有区别。这种对人的信心是不依附于任何条件的，无论对自己还是他人都是如此。这种无条件的信心与人的智慧与仁爱密切相关。

第二部分

正念基础

对正念好奇，不知道它是什么？与正念相关的书太多，不知道如何选择？正念练习总是难以持续？到底为什么要这样练习？仅仅是观察呼吸和身体感受，为什么就有助于心理健康？正念很简单，但是学习它却并不容易。在练习中总是有各种各样的问题，碰到各种各样的障碍和挑战。在这个部分，我们尝试以自己走过的练习之路为基础，来陪伴大家一边探索这些问题，一边以轻松的方式学习正念。

正念是什么和不是什么

宋晓兰

这篇文章,是写给那些看过一些介绍正念的书籍,或者参加过短期的正念训练,对正念有一点了解,同时也有许多疑问的人看的。

正念在中国正在被越来越多的人知晓——各种类型的正念培训开始涌现;有关正念的书越来越多地出现在书店里;中国心理学会临床与咨询心理学专业委员会还成立了正念学组,并于2021年升级成为正念心理学专委会;每两年举办一次的正念冥想学术大会,参与的人数越来越多,会议论题也从一开始的聚焦正念与情绪,拓展到了更为广泛的幸福、"互联网+"等心理学乃至社会议题上。在正念培训迅速兴起的同时,我也听到或看到了大众对正念的一些误解,其中有一些,是我曾经经历过的。

今天,我想以一名正念研究者和修习者的双重视角,谈谈我目前对正念的认识。当然,随着我对它的了解的不断深入,这个认识肯定还会变化。

我知道"mindfulness"这个词,已经有十几年了。那时,我还是一个读博士一年级的学生,从事意识心理学的研究。我的研究对象是自发意识现象——心智游移(Mind Wandering),或者叫走神、做白日梦。在查找文献的过程中,"mindfulness"这个词频频出现在我阅读的研究论文中。这些论文声称正念练习可以让心智游移减少。

2010年我去美国图森参加"走向意识科学"(Toward A Science of Consciousness)的国际会议,遇见了许多从事正念练习和研究的人。我问他们："你们会不会走神或者分心？"那些长期从事正念练习的人告诉我：随着练习的深入，会比以前少。出于好奇，我在那次会议上参加了一个工作坊，一些来自尼泊尔的僧侣带领我们进行了正念练习。

当时我认为心智游移是人类进化中保留下来的一种非常自然的意识现象。正念练习居然可以让它变少？我不相信，或者说，非常不屑。就算真的可以，为什么一定要让它变少呢？毕竟，我的研究重点是心智游移对人类认知的价值啊。而且，盘腿坐在垫子上，看上去好像要修道一样。我觉得这不是一个科学研究工作者应该去做的事情。

就这样，我对正念一直敬而远之。直到我在文献里不断看到它，它被描述为：正念，是一种对当下经验无评判的注意所带来的觉察。

可是，为什么要无评判？为什么要注意当下经验？这个定义没有告诉我更多的信息。许多人因为正念的益处而去练习它，却不知道它为什么会有这些益处，而这是我十分关心的问题。直到我因为一些机缘参加了几次正规的正念学习，结合自己的具身体验再去查阅资料，并坚持自我练习一段时间后，才对正念有了一些真正的认识。

在这里，我结合我所了解到的大众对正念的疑惑，阐述我对正念的理解。

正念的本质是觉察

当代"正念科学之父"卡巴金对正念的定义是：通过有意地、非评判地注意当下经验而生起的觉知。正念的起源在古老的东方，卡巴金对正念作出的最大的贡献在于：从古老的修行方式中提炼其心理操作内涵，并将之发展成一套结构化的、无任何意识形态诉求的、易于普通大众学习的练习方法。这一套练习方式是普世的，或者说，正念本身是普世的，是每一个人都拥有且可以刻意培育的能力。

正念在日常生活中的作用是什么？

什么是自动导航模式？为什么自我与世间万物的关系这么重要呢？因为人的心理活动，本质上就是对这些关系的反应。比如，面对孩子调皮不受管教，家长产生愤怒的情绪，并做出不理智的行为（例如暴怒情绪下的体罚）。此时家长的情绪——愤怒，就是对"孩子与我""孩子的行为与我的要求"等关系的反应，这个反应来自对这些关系的期望和对当前状况是否符合这一期望的评价。

这个"期望—评价—反应"的链接系统，通常是无意识、自动化地发生的。也就是说，一般而言我们不能意识到这一程序的启动，也难以控制这个过程。

在一些介绍正念的书中将这个自动化加工过程称为自动导航。

这种自动导航模式是在生活中因为种种情境和个人因素逐渐形成的，遵循操作条件反射原理：我们从这些行为中得到了即时强化（例如，打孩子屁股后孩子马上变乖了）。我们从这些行为中获得了即时收益，因而在下一次类似的情境中我们有更高的概率去执行它，这个行为就这样在一次又一次的强化下变成了自动化的反应，其生物学基础是脑内相应神经回路的形成。

自动导航是人脑在进化中形成的功能，它使我们只要花费少许有意识思考和决策的时间就可以做出快速反应，因而能为我们人类的行动提高效率（例如对同类问题的快速高效处理，和动作技能的快速执行）。

但是，它也经常带来痛苦。在上面那个体罚孩子的例子中，在愤怒情绪下打屁股行为的即时收益（孩子马上变乖了）与更为长远的目标（良好的亲子关系、孩子的自控力、自尊等更为重要的人格品质的塑造）却是相悖的。也就是说，这样的自动导航虽然可以带来眼前利益，但却对长远利益有害。

除了自动导航的行动模式，还有自动导航的思维模式，它的形成原理与上述打孩子屁股行为的形成原理是一样的，即伴随着即时强化（例如获得认知上的合理化解释）。例如，我在路上遇到一个熟人，他没有和我打招呼，我对自我人际关系的自动化解释模式使得我做出了不理性的揣测：他一定是因为上次那件事情对我怀恨在心！他再也不会原谅我了，我是个很失败的人，总是处理不好人际关系！——这种对负性事件的自动化解释，尤其是指向自我贬低的自动化解释，是许多心理疾病的诱因（例如抑郁症）。

物质或行为成瘾在戒断生理依赖后，在接触到相应的诱因后很容易复发，也是因为成瘾的自动导航模式没有真正消除，这就意味着一旦自动化加工链条中的一个因素被触发，整个程序就会自动运行。

正念练习可以影响自动导航模式

认识自动导航模式并学习对启动因素和启动过程（例如由情境带来的愤怒情绪）的觉察，是正念练习中非常核心的内容。有了觉察，就有了改变这个自动化程序的机会。觉察让我们在事件与行动之间有了一些空间，从而有机会做出更适当和清醒的决策。

例如，持之以恒的正念练习使得我们更容易意识到对经验的好恶反应，包括能够更早地觉察到自己的愤怒情绪，并且洞察到情绪来自对"孩子不受教"这件事情的评价——"孩子在冒犯我！"或者"我作为家长非常失败！"，在这个过程中，从情绪—想法的漩涡中脱身而出，意识到内在正在发生的身心互动图景。当我们可以观察这些身心互动经验时，就可以选择在自动反应中暂停。这个小小的停顿，在刺激和反应之间创造了空间，为自我控制提供了机会。我们可以在意识到这种情绪，但是不被这种情绪带走（做出自动化的泄愤行为）的情况下，做出一个更为恰当的决策：让自己离开现场一会儿，等情绪平复之后再来处理这件事情。

正念练习给练习者日常生活带来的最明显变化之一，就是会提升个体对自我的行为模式和思维模式的觉察力，发展出与冲动、欲望、渴求和平共处而不是被它们役使的能力。

然而，正念的这个作用，并不是仅仅通过知晓其中的道理就可以达成的，它需要长时间的练习。

正念练习是如何达成觉察力的提升的？

正式的正念练习包含了正念呼吸、身体扫描、正念行走、静坐、正念饮食、观情绪观念头等。

包括呼吸感觉在内的身体感觉是发展正念能力的绝佳工具。它们永远发生在当下、我们时刻可以触及，并且，身体感觉是内心经验的一面镜子，时刻反映着心理活动的状况（例如，紧张时呼吸急促、胃部不舒服、心跳加速）。同时，它们又是容易被我们忽略的部分。

我们可以在观察呼吸和身体感受的过程中，练习觉察自我和这些经验的关系。在这个过程中，注意与这些经验的关系是观察的对象。我们可以去留意注意是如何通过僵持、对抗或者转移，来抗拒不喜欢的经验，以及如何通过黏滞来期待留住愉悦的经验的。通过不断地采取接纳、允许而不加评判和想要改变的态度，我们一次又一次地把注意力带回到当下，与当下真实的身心经验共处。

在这个过程中，非评判的态度和专注的练习使我们提升了如实观察自我对人、事物的反应（包括念头和情绪等心理过程以及与之伴随的生理感觉）的能力而非被其激起的能力。越是能如此与身心经验相处，我们就越能领略当下发生的经验的本质，而不是我们想象或者编出来的假象。

例如，身体上的疼痛，会因为我们对它的评价（"它一定是很严重的伤"或者"只是擦破点皮"）而变得更痛，或不那么痛。疼痛有生理基础，但我们对它的评价和态度，会影响我们的主观体验。正念不会减轻本来就有的疼痛，却可以去除因抗拒而产生的额外痛苦。现在流行的正念分娩课程中的一部分内容就是基于这一原理而开发的。

这种对事物只是观察而不被其激起的能力十分重要，因为我们惯有的被外物激起的模式常会引发一系列的自动反应。这些自动反应让个体的自由意志往往没有用武之地。

通过正念饮食、正念行走这样的练习，个体可以觉察到自动化行为是如何发生的，通过深入探寻这些惯常行为中的感官信息，个体可以获得对自我生活中的其他自动导航模式的领悟（例如吸烟等成瘾行为）。这种领悟，以及在一次又一次练习中提升的大脑前额叶执行功能，使自我管理和自我控制成为现实。

这也就是很多正念相关的书中谈到的正念练习的指向——培养"同在模式"（Being Mode）——的含义。同在模式，可以让我们不被不良的自动化反应驱使，学习只存在于当下，从而不在"行动模式"（Doing Mode）中迷失。

经典的正念培训如MBSR为什么一定需要8周？

接触过正念的人一定知道MBSR课程，它由当代正念的创始人卡巴金设计并发展而成，旨在通过长达8周、每周1次、每次2.5小时的有指导的团体中的正式练习与经验探询，和每日45分钟的自我正式练习，以及结合每日生活的非正式练习，来达到改变个体对压力的不良应对模式（即减压）的目的。基于MBSR的许多正念为本课程，包括MBCT，都需要持续8周的时间。

为什么是8周，而不是7周，或9周？

我想这并不是一个重要的问题，它传递出的重要的信息（也是被许多针对正念的实证研究所揭示的）其实是，正念的学习是需要与生活实践相结合的，练习带来的改变，也是需要时间的。

我们在成长中通过不断重复而形成的自动化模式，同样需要长时间的不断重复来将之消解。就像体育锻炼对肌肉的改变需要时间一样，正念能力的提升和正念习惯的形成也需要时间。8周的健身房锻炼可以强健一个人的肌肉，是不是就意味着8周以后这个人不需要继续锻炼也可以保持健壮身形呢？

所以，正念练习需要练多久才够，其实不是一个问题。如果可能，请终身练习，让它变成你生活的一部分！

正念学习的路径是怎样的？

目前较受认可的正念学习路径，包括起源于美国马萨诸塞大学医学院正念中心的MBSR课程体系，以及起源于英国牛津大学正念中心的MBCT课程体系，此外，还有美国加州大学圣地亚哥分校正念中心的正念课程体系等。在中国大陆，也有一些课程体系正在与实证研究配套发展，例如北京大学刘兴华教授发展的情绪困扰的正念干预（MIED）课程，正念教育团队发展的MBPE课程体系。

这些正念训练体系，因为和实证研究结合紧密而显得较为严谨，初步的结果表明它们在改善压力应对方式、提升情绪健康水平等身心健康方面有明显的效果。

是否可以通过自学达成？

市面上有许多关于正念的书籍。一个常见的问题是，我们是否可以通过看这些书，根据书上的指南来进行自我学习呢？

答案是：当然可以。但如果只是看书而不练习，那么是无法持久提升正念能力的。

正念不是一种陈述性的知识，它是一种心理技能、态度，乃至一种生活方式。正念带来的改变，必须在练习中才有可能达成。就像我们不可能通过看书学会游泳一样，唯有练习，才可以帮助我们培育正念。但理论知识的学习，可以提升我们对正念的理解并强化练习动机，使练习更有方向和更有效率。

正念练习过程中，导师的带领，在初学阶段是十分重要的。在正念练习中，练习者会有许多疑问和困惑，这些疑问的答案通常无法在书上直接找到。这时，带领者的引导和答疑解惑就很关键了。

缺乏耐心的人可以练习正念吗？

这是经常被提及的问题。也是许多刚开始练习正念的人面临的最大问题：难以坚持。

我能理解那种难以坚持的本质是什么：正念的正式练习之一——静坐，呈现出来的样貌似乎是"什么都没有做，没有任何结果"，这与人类追求即刻满足的冲动是相冲突的。做别的任何事情，或多或少都有即时反馈，而正念练习的所谓"效果"，大部分时候都并非"立即"和"显著"的。当我们很忙时，就更不愿意坐下来"什么都不做"了。这也是初学者很容易陷入对练习"有所求"而认为自己"无所得"境况的原因。虽然带领老师经常提醒练习者，所有我们追求的类似于平静、助眠等的效果，不过是练习的"副产品"，而非练习的目标。"无为"的精神贯穿着练习的过程。但是，正念练习其实并不是什么都不做，而是在刻意学习如何与经验共处，比如与这种想要追求效果的冲动和平相处。

因此，练习正念可以从根本上提升我们的耐心，减少我们受制于冲动的概率。追求即刻满足，服从当前利益而不是长远目标是人类的本能，也是一种自动化反应。正念练习有助于我们摆脱当前欲望的桎梏，看清自己的真实需求。

这也就是正念练习为什么重要，以及为什么需要专门的、有指导的练习的原因。因为正念虽然简单，但是不容易。

然而，虽然不容易，却仍然是可以办到的。

正念练习的方法十分灵活：除了静坐这种正式练习，还有贯穿在生活中的许多非正式练习，你总能找到适合你的那一款。当然，并不是每一种练习方式都会带来同样的结果，个体的人格特质也会影响学习的速度和能够达到的水平，有些人会比其他人更快地在正念中获得领悟。但同样可以肯定的是，正念，是任何人都可以尝试的练习。因为，当下以及我们的意识经验，是我们每个人都具有的东西。就像卡巴金说的那样，正念，是蕴藏在我们每个人身上的能力。

正念练习：是什么？为什么？怎么做？

正念，是一种心理品质，这种心理品质与人类最为可贵的心智能力——觉察有关。许多美好的人性会在有觉察的情况下，被自我发现并表现出来，比如对经验的开放、对自我和他人真正的关怀与悲悯。

更重要的是，正念并非什么高深莫测的天外来物，它就是你我时时刻刻都已经具备并且可以通过训练来提升的能力。

在这里，我们尝试从"知"和"行"的层面，以正念呼吸和身体扫描这两个最基础也是最重要的正念练习为例，介绍正念练习的意图、方法和实践，并提供一些练习引导。

正念呼吸

我们先来聊聊正念呼吸练习：为什么我们可以通过观察呼吸来培育正念。

首先，为什么选择呼吸来作为观察对象？

呼吸和其他身体感受，是正念练习最常用的"工具"。首选是因为呼吸永远都在，随时可作为觉察的对象，并且它总是发生在此时此刻，因而，它可以起到稳定注意力之"锚"的作用，当我们的注意飘忽不定、难以聚焦时，呼吸是一个绝佳的工具，通过它，注意力可以"栖息"。稳定的注意力是一切心理加工得以有效开展的前提。

呼吸的感觉总是在变化，它与我们的身心状态有许多的关联，你此刻就可试着留意一下呼吸，它的节奏、速度以及其他感觉是怎样的？它是否会随着你的情绪兴奋或者低落而发生一些变化？

呼吸可以成为自我了解的窗口。通过呼吸，我们可以了解自己的"内在天气"。而了解自己的身心状况，总是做出智慧选择的前置条件。

所以，我们如实观察呼吸的感觉，并与呼吸和平相处的能力，也会迁移到我们生活中，与所有的身心经验以同样的方式相处。

学习正念，最重要的部分就是做练习。那么，该怎么通过观察呼吸来练习正念呢？做正念呼吸的练习时，我们可以依照以下的要点去做：

首先，将注意力放在呼吸的身体感觉上，比如鼻腔进口处气流进出的感觉或者腹部随呼吸起伏的感觉；

其次，关注呼吸不是我们习惯去做的事，因此不一会儿甚至立刻，你的注意力就会溜走。没关系，注意力跑到别处是正常的，当你发现它跑走了，就带它回到呼吸上来，这个过程发生多少次都没关系。实际上，它一定会反复发生。观察呼吸并不是为了考验你有多专心，恰恰相反，发现分心又将心带回的过程，才是练习中最宝贵的部分。

再次，有时你会发现呼吸"不太对"，不是你希望的样子。试着放下对呼吸"应该如何"的期待，别控制呼吸，而是允许呼吸自己去呼吸，不管它的节奏、深浅是怎样的。要记得，正念呼吸并不是一个调息的练习。

最后，保持耐心，包括对"没耐心"保持耐心。

除了在正式练习中进行正念呼吸的练习，我们同样可以在生活中正念观察呼吸。

生活指引 | 尝试在生活中练习"留意呼吸"

觉察呼吸在生活中随时随处可做：坐着、站着、走着、躺着都可以，上台或开会前的等待、坐公交车或地铁时、等红绿灯时、紧张担忧时、不高兴时、短暂休息时、平时安静时，只要你想起来，就可以试着将全部或者一部分注意力安稳地放到呼吸上，以不干扰它的方式观察它，与它同在。也许，你会在观察呼吸的过程中对自己身心运作的情况产生领悟。

一位名师培训班上的幼儿园园长，在亲身体验了一整日的正念练习后非常感慨地说："我今天才了解，过去几年我是多么的紧张……连呼吸都是错的。"

她的意思其实并非说她现在的呼吸终于"对"了，而是想表达：回想起过去的那些年，她能体会到身心紧绷的那种感觉，而直到今天她才第一次了解了呼吸。

身体扫描

许多正念课程，例如MBCT、MBSR等都会以身体扫描作为第一项练习。这是一项受正念学员喜爱的练习，因为练习时通常采用仰卧的姿势。但是，这其实并不是一项"躺平"的练习，而需要涉及较为复杂的心理操作。

在身体扫描中，练习者将注意按照一定的顺序安放在身体的各个部位，并用好奇、开放、允许的态度，观察每个身体部位呈现的真实感觉。此过程中的核心心理操作，是注意力的投放（在某身体部位）、持续（在这个部位停留）和转移（到下一个身体部位）。与正念呼吸一样，我们在身体扫描时很容易分心，注意力会游移到别处。这时的指导与正念呼吸是一样的——发现分心并将注意力带回正在扫描的身体部位。

在这个过程中，觉察（知道自己的注意"在线"或者"不在线"）仍是最重要的部分。有了觉察，才能发现分心。所以，在所有的正念练习中，发现分心都可以被认为是一件好事，因为它代表我们的觉察又"在线"了。这就是我们经常在指导语中听到的"发现分心，将心带回，这就是练习"这句话的意思。

除此以外，仍有一些非常基本但是重要的问题，我们需要了解。

第一，为什么要观察身体感觉？

我们可以将身体看成情绪的"气压计"。身体感觉与心理体验是"情绪"这枚硬币的两面，或者说身体感觉是情绪的一部分。生气时，胸口紧缩、肩膀起伏、呼吸变快；悲伤时，身体发冷、僵硬、无力……每个人都有自己的气压信号。而且，并不是只有强烈的情绪才有身体信号，微弱的情绪状态也伴随着微弱的身体信号，但是只有注意力投向它们并具有接收的能力时，我们才能收到并且使用好这些信号。

我们的心，每天被无数的念头、担忧所缠绕，每一种思考，也都具有或强烈或微弱的情绪情感色彩，也就具有某种程度的身体感觉，这些是我们内在的真实状况。身体扫描练习可以帮助我们更好地了解到这一点。

还因为，我们并不善于从头脑层面把握情绪，当我们谈到控制情绪时，很容易陷入空洞的、概念化的自我辩驳去试图澄清、抑制或者改变情绪：

"他不该这样说……"

"如果当时……我就会……"

"我不该这样想……"

……

与情绪的心理体验本身相处是不容易的。与之相比，情绪的另一面——身体感觉，却是实实在在发生于客观可观察层面的事实，学习将注意力平和开放地放在身体感觉上，就是更为容易的与情绪相处之道。这也是很多以正念为基础的课程所教授的处理困难情绪的方法的基本操作原理。

所以，在身体扫描练习中，我们就是在通过一次又一次的练习，提升对身体感觉的敏感性、开放性，学习一视同仁地面对所有的身体感觉，不逃避、不压抑，只是观察感觉，而不陷入对情绪的思考。当我们这么做时，情绪就会像一把没了燃料的火，当燃料烧完，它也就熄灭了。

此中滋味，唯有练习过才能知道，不如来试一试。

第二，一个非常常见的问题——在身体扫描中睡着了怎么办？

在身体扫描中睡着是较为普遍的现象，尤其对初学者而言。

睡着总是一件让人感到放松的事，所以这个练习非常受人欢迎，也经常被用来作为助眠的工具。但是需要知道的是，包括身体扫描在内的所有正念练习，本身并不以放松为目标。有些人还会发现，当我们太想要追求放松时，放松反而不见了。

放松是身体扫描练习的"副产品"。原因很简单，将心安在身体上，有限的心理资源离开了头脑里的纷纷扰扰，就"安心"了。

我们常说要"放下"，如何才能放下？身体扫描时，我们就在练习"放下"——放下头脑中的故事，不断回到当下。正念呼吸也是一样，所有的正念练习都在练习放下。

当心安了，忧虑都放下了，人就自然放松了。此时，如果身体需要，睡眠就会找上门了。

所以，睡着并不是问题，如果在身体扫描过程中入睡，那就好好享受这短暂的休息。将这个练习当成助眠工具，也不会有问题。当然，睡着的时候，"练习"也就停止了，睡觉和练习并不能两全。

所以，如果想抱着练习的目的来做身体扫描，那就要好好照顾自己，让身体不那么疲惫，以及可以选择一个不容易入睡的时间段来做这个练习。

第三，一定要躺着做练习吗？

和所有的正念练习一样，身体扫描也可以有其他姿势。正念练习本质上是一种心理操作，和身体的姿势其实并没有必然的联系。如果你愿意，完全可以尝试坐着甚至站着练习。但不管怎样，练习正念时，保持身体的稳定和轻松，是必要的。

第四，为什么要按照固定顺序扫描身体？

许多正念老师会采用从左脚脚趾开始，然后是左腿—右脚—右腿—臀—腰背—腹—胸—手及手臂—肩—颈部—面部—头部这样的顺序来带领练习。这个顺序本身并没有什么奥妙，我们完全可以尝试从右到左或者从头到脚的顺序。但是，每次保持同样的顺序，而不是"想扫哪里就扫哪里"，会有助于我们的注意覆盖整个身体而不厚此薄彼，这对训练觉察力，不让注意跟着惯性走，是非常重要的。

最后，还想谈谈生活中的身体扫描练习。随着练习的持续和觉察力的提升，我们对身体信号的敏感性和接纳能力都会提升，这些能力会在日常生活中支持我们，让我们更了解自己，更清楚每一个当下、自己的内在身心世界里所发生的事实。

生活指引 | 尝试在生活中练习"和身体在一起"

除了正式的身体扫描练习，我们完全可以将这一份对身体感觉的"关照"有意识地向日常生活拓展，在生活中养成经常留意身体感觉的习惯。例如，走路时发现肩膀紧绷了，说话时发现面部肌肉抽紧了，伏案工作时发现腰背紧张了，都可以适时提供让身体部位放松下来的机会，这也是协调身心的机会。

身体感觉每时每刻都有，它发生着，变化着，也在流逝着。当我们的心与身体感觉连接时，我们就在与一个又一个的"当下"连接。

此文写于 2017 年，最早发表在正念教育公众号"正念基础"上，部分内容在纳入本书时有所修改。写此文时，我练习正念不久，对正念的认识还比较粗浅，但现在读来仍无违和感。文章写成时曾请胡君梅老师帮忙审阅并做修改。

第三部分

他山之石：
欧美正念教育
应用案例

虽说正念早已印刻在我们的生活态度和精神传承中，并且在东方文化中发展出了系统的理论与修习方法，但是这种人类智慧之所以能够在今天这个时代背景下变得普适，应用于从医学到心理学、大众健康管理的各种领域以及教育场景下，得益于以卡巴金为代表的当代正念训练的研究者和实践先驱的奉献。在他们的努力下，正念训练在过去的40年间逐渐走入欧美发达国家公众视野，正念在教育场景下的应用也应运而生。这一部分，我们将重点介绍对以正念为基础的校园心理健康介入的整体思考以及欧美较为成熟的正念教育案例。

英国正念校园项目：
教会孩子终身受益的心理自助方法

王婧静　宋晓兰

萨拉·高廷是英国德文郡奥特里圣玛丽国王学校的一名教师，一个清冷的早晨，她正往学校走去，听到一名学生喊道："老师！我每天坐校车的时候都在练习正念！"这位名叫杰克的初中生坚持完成了高廷布置的100天正念与冥想（Mindfulness and Meditation, M&M）挑战，如今他可以清晰地描述自己陷入焦虑时胸口疼痛的感受，并通过正念练习进行自我调节。而他只是国王学校众多进行正念练习的学生之一。在威尔士蒙茅斯郡切普斯托镇的戴尔小学，每天午饭后，学生们就会开始当天的"正念时刻"（Mindful Moment），这项日常活动不仅使学生能够通过正念呼吸进行自我管理，也间接地让老师们在下午的课堂中感受到了一种平静的力量。

这些学校所开展的就是英国的正念校园项目。截至2021年，已经有超过6000名教育者通过该项目将正念分享给自己的学生，惠及的儿童青少年人数估计超过54万。

王婧静，现为浙江师范大学心理学院硕士研究生，目前正在宋晓兰老师指导下进行有关青少年正念训练与心理韧性及自尊发展的研究。

贴合儿童青少年的课程体系

英国正念校园项目 MiSP 于 2009 年设立，是一个非营利的公益项目，13 年来一直以慈善机构的方式运营。该项目提供可以在校园和其他教育情境中运用的正念课程和正念师资培训，以服务于英国的儿童青少年和教育者。

正念减压疗法的创始人乔·卡巴金将正念解释为"有意识地、不加评判地对当下的觉察"。MiSP 的初创人员继承了这一理念，受启发于以正念为基础的临床干预方法，结合了儿童青少年的认知发展特点，并融入积极心理学的内容，与教育界的专家合作，于 2009 年共同设计了第一套适用于 11—18 岁青少年的正念课程——.b（读作"dot be"，意为"stop and be"，可理解为"暂停，处在当下"，具体课程大纲见表 1）。

如今，MiSP 已经从提供单一的 .b 课程，发展为提供完善的课程和配套教学服务，包括适用于 3—18 岁儿童青少年的多阶段正念课程体系（如 Dots、Paws b、.b 和 .breathe）、与各阶段课程体系相匹配的师资培训，以及其他帮助教师推广和落地正念课程的有关活动（如年度会议、信息交流会、支持小组等）。MiSP 的课程体系已被应用到普通中小学、特殊教育机构、社会企业和大学等各类教育情境中，目前已被翻译成 12 种不同语言的版本在全球各国使用，未来还有望惠及更多人。

MiSP 之所以在十几年里能得到如此广泛的应用，与其主要成果——正念课程体系是分不开的。相较于针对成人的正念团体，MiSP 的正念课程由教师编写、为教师服务，且真正考虑到了儿童青少年的认知发展特点和教师的授课实际。

以其经典的 .b 系列课程为例，MiSP 提供的《2020 年影响力报告》显示，近八成学生觉得 .b 有趣、有用，也愿意推荐给其他人。而从课程的大纲和配套材料中，我们可以发现 MiSP 课程内容具有以下几个特点。

表1 .b系列课程大纲

序号	课程名称	课程用时	主要内容	课后练习
1	正念导引	每周一次课，每次课40—60分钟。	介绍正念，让学生了解正念是与生活息息相关且是值得学习的。	一般练习时长为5—10分钟，常用的练习包括：脚踏地身如山（Feet On Floor Bum On Chair,-FOFBOC）、睡前冥想（Beditation）、正念进食、正念行走等。
2	第一课：玩转注意力		向学生介绍"注意力"，它就像小狗一样需要训练。	
3	第二课：驯服狂野的心		探索不同的心理状态，并指导学生将注意力"锚定"在身体上，同时培养好奇心和善意，从而使自己感到安宁和滋养。	
4	第三课：觉察忧虑		解释我们内心产生压力和焦虑的"把戏"，并教会学生处理这些"把戏"的技巧。	
5	第四课：活在当下		进入正念的核心，教导学生如何对生活中的事件主动做出回应，而非自动化的反应。	
6	第五课：正念的活动		告诉学生正念不只是坐着或躺着的练习，它也关注高效地活动。	
7	第六课：退一步海阔天空		提供一种与念头连接的新方式——可以不必让念头把我们带到不想去的地方。	
8	第七课：与困难做朋友		应对最大的挑战：回应困难的情绪。	
9	第八课：接纳美好		接纳和品味生活中的美好，并关注过程中的感恩和热忱。	
10	第九课：综合与总结		巩固.b中的关键技能，并启发学生在未来的生活中运用所学。	

第一，善用比喻等方式以配合该年龄段儿童青少年的认知特点。例如，在.b课程的第一课介绍注意力时，教师会将注意力比作小狗，进而引出注意力的几个特征：小狗会上蹿下跳地到处跑，你想让它待着不动时，它也总是不听话，有时它会叼给你一些你根本不想要的东西（比如旧袜子、鞋子之类），有时它还会给你制造麻烦。我们的注意力也类似，它总是到处游

离，也总是不顾你的想法，有时你明明想要注意某件事，它却跑去关注另一件事，甚至它会比小狗带来更大的麻烦。授课过程中还会辅以相应的动画。通过这样形象的描述，可以让学生从自己的生活经验出发，更好地理解心理学中较为抽象的概念，也能在课堂中与教师形成良好的互动，构建和谐的课堂氛围。

第二，学生的课后练习任务更轻松也更简明。在以正念减压疗法为代表的当代正念团体治疗中，常常会给参与者安排20—40分钟的正式练习。而在MiSP的课程体系中，学生的正念练习时间被缩短至5—10分钟。此外，在运用指导语时，教师会更多地使用学生所熟悉的事物。例如，在第一课的"手指呼吸"（Finger Breathing）练习中，教师会让学生以手为辅助，每呼吸一次就划过一根手指，进而关注和观察自己的呼吸。在正念练习中，即便是成人也时常会感受到注意力游离带来的挫败感，因此，轻量的练习任务和简明的指导语可以使青少年在第一次接触正念时更乐于接受和尝试。

第三，课程体系是高度结构化的。MiSP所设计的课程配套材料包含丰富的内容，包括教师手册、电子课件、学生手册、练习录音和动画视频等。如.b的课程大纲所示，其每一节课的主题和内容都是明确的；而在教师手册中，则有更为详细的教学流程、练习指导语和注意事项等。这意味着完成培训的教师可以立刻以这些材料为基础，开始自己的第一节正念课，而无须费心构思教案，或是担心课程开展的方式不合乎要求。

此外，MiSP在课程运用的方式上，也有其独特之处。

首先，MiSP课程的师资培训部分非常强调教师自身的实践。所有希望教授Dots、Paws b或.b课程的教师都需要自己体验至少一次面向成人的正念练习（通常为8周时间），并在接下来的2—3个月里坚持完成每天的正念练习。开发者认为，教育者只有通过持续不断的具身练习，才能感受和理解自己所教授的究竟是什么，以及学生们会感受到什么。

其次，MiSP鼓励各类学校根据自身的环境与情况，将正念嵌入日常教学和工作中。如南威尔士的伯奇格罗夫小学会利用每周的午休时间举行一次正念俱乐部（Mindfulness Club）聚会，所有完成 Paws b 系列课程的学生都可以随时造访，共同练习和探讨正念；曼彻斯特的哺育青年人基金会（Raise the Youth Foundation）将正念融入其日常工作中，随着学习和练习的深入，他们能够以更加开放的姿态面对那些遭受困境的青年人，并用自身的行动帮助他们更好地成长。此外，项目开展伊始，大多是教育心理学家或受训的专业教师前往各校开展课程，但随着师资培训的普及，越来越多的学校已经倾向于由本校的教师来开展课程。

最后，MiSP 所希望的是为学生们提供一种可以终身受益的练习方法。教师们在课程的最后往往会加入这样的引导语："这只是开始，你已经拥有所有你需要的'工具'了，现在就看你什么时候想要和需要使用它了。"很多教师在调查中发现，学生们会自发地将学到的"工具"与朋友和家人分享，有些学生会用这些"工具"自主调节愤怒、焦虑和恐惧等情绪。正如伯奇格罗夫小学的马修·琼斯老师所言："正念课程给了孩子们一个策略工具箱，很多人在需要时会选择回头来找寻它。"

静悄悄的改变

虽然正念在应对压力、抑郁情绪、物质滥用等方面的作用已经得到临床领域诸多研究的证实，但将正念运用于教育领域，并使其惠及更广泛的人群是设立 MiSP 的初衷。他们将目光聚焦于全英国的少年儿童，希望能有助于促进年轻一代的心理健康和福祉，进而改善他们的生活。因此，严谨的科学研究是 MiSP 的出发点和立足点。

目前，MISP 已经与多国的科研团队展开合作，包括英国牛津大学主持的"青少年正念与心理韧性"（My Resilience in Adolescence, MYRAID）项目，由中国香港赛马会资助、香港大学社会科学学院主持的"乐天心澄"（Peace and Awareness, P and A）项目，丹麦奥胡斯大学主持的"孩子的无忧生活"（Stress-free Everyday Life for Children, SELF-care）项目，以及芬兰的"健康学习思维"（The Healthy Learning Mind）项目。这些项目大多为各国正在进行的历时数年的大型随机对照研究，此外也有很多在更小范围内、用更多样化方式开展的研究。

综合各项研究成果可以发现，MiSP的课程体系对年青一代学生和教育者都有着不可忽视的影响。

对学生而言，其积极影响主要集中于压力与心理健康、情绪管理以及认知功能方面。研究者们发现，相较于传统课程，学生们在完成MiSP的正念课程后表现出了更低水平的压力和更高水平的心理弹性与幸福感。在面对学业测试、升学引起的环境变化等富有挑战性的生活事件时，其情绪调节能力和社会情绪能力也比其他学生更加出色。来自神经生物学和行为实验的有关证据表明，正念课程可以提升学生的注意力，并在一定程度上减少分心、增强记忆。学生与教师及同伴之间的关系也能有所改善。值得注意的是，多项研究发现，学生的抑郁情绪、压力、幸福感等与心理健康相关的指标，常常随正念练习时间和频率的增加而得到明显改善。这似乎提示我们，正念的效益是在日积月累的持续练习中产生的。

同样，持续的正念练习和正念课程的教授也会改善教师的工作和生活境况。有研究认为，通过参与正念练习，教师将学习正念技巧（如去中心化、注意力调节等）、培育自我悲悯，从而发展出更有效的情绪调节策略和更高的职业自我效能感，进而可以减小自身的压力。当学生和教师同时从正念练习中获益时，课堂氛围得以改善，双方的幸福感也能得到相互促进。

当然，社会科学的研究不免有干扰因素多、测量方法不完全严谨等普遍存在的问题，关于正念课程对学生学业成绩、身体健康和问题行为等方面影响的研究结果尚存在争议，特别是其长期效益还缺乏足够的证据支持。未来，有关正念课程的效益和影响机制的研究仍将继续开展并受到关注。

广阔的发展空间

MiSP正念课程的内容和实施过程也并非完美无缺的。

首先面临的问题就是如何确保授课内容的保真度，即授课教师是否完整并准确地执行了课程设计者的初衷。对此，授课教师自身必须能准确理解"什么是正念"。正念并不等于舒适放松，也不是清空大脑，更不是只能通过静坐得到练习。正念的本质是"对当下不加评判的觉察"，而对正念的误解可能会导致在教学过程中发生潜在伤害。例如，对那些过去经历过严重创伤的学生，正念练习带来的清晰觉察可能会唤起他们过于痛苦的回忆，要是没有相应的措施，可能会变成学生练习正念的阻碍。因此，教师需要在授课之前就了解这些潜在的风险。事实上，MiSP之所以要求教师先学习和体验并提供内容翔实且结构化的教学材料，就是为了确保教师能够准确理解和传递"正念"。

其次，还需要考虑课程实施的有效性。目前，虽然大多数研究都发现正念课程对学生各方面的心理健康具有促进作用，但其效应的大小在不同研究中有所不一，这可能与不同研究中，授课环境和授课方式的不同有关。2018年的一项研究发现，能否成功将正念带入校园取决于4个重要因素：①人力，特别是学校领导层的支持；②资源，包括接受培训和授课的时间和财力资源；③过程，可能需要经历一个长期甚至曲折的过程；④理解，学校和家长需要了解"正念是什么""为什么我们需要正念"。可见为了保证学生能真正从课程中获益，校方和教师都需要做好充足准备，因地制宜地灵活调整，且在课程开展过程中也要及时收集反馈，必要时对此开展研究，最好还有统一规范的系统对教师的教学效果进行评价……而这些都需要在今后逐步完善。

关爱教师，构建充满爱的校园
——美国 CREATE 项目提升教师社会情感能力

宋晓兰　常朝夕

正念训练作为一种可以自我使用和自然融入生活的方法，在提升觉察、缓解压力、发展情绪技能以及培育积极人际能力上显现出来了积极的作用，如果能被有效地应用于教师心理援助和专业发展，将是一种低成本的、可以持续产出并形成良性循环的教师心理健康支持工具。

美国CREATE项目就着眼于此，将有着循证研究基础的以正念为核心的教育实践运用于教师专业发展，通过教授教师们以正念为基础的情绪技能和压力应对技巧，来帮助教师及教育管理者管理压力、提升社会情绪能力和幸福感，从而促进学校环境下整体的社会情绪学习，营造充满爱和关怀的、健康又公平的校园环境。

基于正念的教师社会情感能力发展模式

CREATE是一家成立于2008年的非营利组织，英文全称是Creating Resilience for Educators, Administrators and Teachers，意指"提升教

常朝夕，现为浙江师范大学教师教育学院心理系硕士研究生，目前正在宋晓兰老师指导下进行有关亲子教养中正念人际传递的研究。

育者的韧性"。CARE和CALM是其中相对独立又互为促进的两个项目。CARE通过较为集中的工作坊形式，给予教师较为密集和深入的正念训练，而CALM则以工作日每天20分钟的简短团体练习形式，在日常工作中持续给予教师正念支持。

CARE：激活教师的内在资源

CARE，全称为在教育中培育觉知和韧性项目（Cultivating Awareness and Resilience in Education），是由美国加里森学院和宾夕法尼亚大学发起的，在合作研究中逐渐形成的一项教师专业发展项目。CARE秉持的理念是：教师的内在资源是其教学和教育表现之根。它用一套以正念练习为基础，同时融合了明确的情绪情感能力培养、自我关怀训练、积极心理学和人际沟通训练的干预课程，以实现对教师内在资源的支持。教师通过正念练习来发展觉察力，处在当下，在此基础上学习情绪情感技能、防止耗竭、增加教学乐趣、充分发展个人教学潜力，以及加强师生之间的积极关系，从而为学生们，包括那些有情绪和行为问题风险的学生提供支持，促进学生的健康发展。

CARE项目主要针对中小学教师与教育管理者，形式较为灵活，通常在1学年内，以5天的线下工作坊教学形式来开展。前4天的课程将在开学后的4到5周内完成（例如每周安排一日工作坊），最后1天的加强课在间隔数月后完成。在课程间隔期间，会有CARE教练通过电话随访来帮助学员将所学技能应用于实际教学工作和生活。除此以外，课程中心还提供连续4日的住宿型CARE静修工作坊。

工作坊的教学内容主要包含正念练习、情绪技能指导、关怀与倾听练习三个板块。

正念练习

在CARE课程中，正念练习是核心和基础，因为以觉察和接纳为实质的正念心理品质不仅是情绪技能的基础，也是真诚人际沟通的基础，更是智慧回应压力的根基。CARE课程提供了一系列基础正念练习教学，以有意识地训练注意力的稳定性，培养对当下身心经验的觉知，促进洞察力、反思能力和专注力的提升，使学员们以一种好奇、开放、不加评判的态度来面对当前经验。

CARE引入的正念练习包括基础的正念呼吸练习、身体扫描和伸展、行走等动态正念练习，以及可以扩展到具体工作情境中的生活化正念练习，例如课堂上的"有意识的等待"（有意识地拉长从教师提问结束到学生开始回答之间的时间间隔并对此保持觉察）、在教室里保持正念站立或行走、觉察情绪背后的经验图式（指由个人过去经历形成的解释经验的一套模式，通常是固定且隐蔽的，例如将所有他人的反对意见都视为对自己的攻击），等等。这些练习可以使学员们带着清醒的觉察来应对工作中的挑战，保持正念状态，降低他们对学生行为的自动化反应，使他们以新的互动方式与学生建立积极的联结。

情绪技能指导

情绪耗竭是教师职业倦怠的主要原因。当教师被负面情绪淹没时，与学生建立积极关系的热情也会被消耗殆尽。因为无法敏锐地感知到学生的心理需求，在管教"问题学生"时自然难以采取恰当的方法。

因此，情绪技能的学习是CARE课程体系的核心之一。训练师带领学员们学习如何以正念为基础，加强识别情绪信号、与情绪共处并对情绪做智慧回应的能力。学员会在课程中了解大脑活动是如何参与情绪过程的，了解情绪体验的个体差异。通过体验式学习，学员们学习将丰富的情绪生活转化为重要的内部资源而非需要对抗的敌人，接纳情绪、觉察情绪、发展情绪的稳定性和灵活性，从而能够技巧娴熟且富有同理心地应对学生的种种行为。可以说CARE课程的外显内容是以情绪能力为主要展现方式的。

关怀与倾听练习

良好的师生关系对学生的社会情感发展有重要的影响。CARE课程中穿插着大量的以正念为基础的促进人际连接和沟通的练习，以提高教师的同理心和关怀能力。

关怀的练习以自我悲悯（Self-Compassion）和正念的相关理论为基础，教授学员使用正念心理技巧去感受关怀的感觉，在冥想练习中有意识地扩大关怀的范围，从自己、自己所爱的人到所有的人，甚至自己不那么喜欢的人。这种以正念为基础的关怀练习可以增加学员在日常生活中的积极情绪体验，提升幸福感，更容易形成信任和关怀的人际关系。

正念倾听则是让学员在学习倾听他人的同时，觉察自己的内部身心反应，例如想要打断他人的冲动、自动生成的对他人的评判，以及这样的内心动作在身体感觉层面的表达。这样的练习能够帮助学员对人际互动产生更大的觉察，对学生的需求和反应更加敏感，并突破惯性反应，做出合适的回应。在校园常见的人际冲突场景下，一个冷静、支持性的教师能够更好地促进问题的解决。

CALM：把正念带入工作场所

CALM，全称为正念学习的社区通路（Community Approach to Learning Mindfully）。和CARE相比，CALM希望找到一种基于校园的运行模式，让教师不需要走出校园就能获得持续的正念练习支持，使得以正念为基础的心理能力培养成为每日工作和生活的一部分。因此，在执行CALM项目的学校里，老师们不需要参加额外的集中式培训，而是"每天学习一点点"，在每日晨间的团体正念瑜伽、静坐以及特定主题练习中，学习将正念为本、压力应对以及人际技能和自我关怀融入每日工作。

与CARE采取的集中式"培训＋教练"支持模式不同，CALM采用的是贯穿整个学期的"每日晨间练习＋应用指南"的方式，以融入教师工作的方式开展。在开展CALM的学校里，一周当中的四个工作日早晨，由一位有正念练习经验的瑜伽老师带领教职员工们聚集起来进行以正念为基础的身心练习（Mind-Body Practice）。每次的团体练习持续20分钟，以结构化的方式展开：通常以静坐开始，以正念呼吸和瑜伽的身心练习为主体，在晨会的最后，在静坐中以冥想的方式，培育一种明确的"将正念和友善的态度带向接下来的一天"的意向。这样的结构除了没有深入的分享讨论环节外，与通常的以正念为基础的课程非常接近，即明确的意图和以正念技巧为基础的身心层面的练习，使得教师每天早晨都有机会参加一个"迷你正念共修营"。报名参与项目的教师并不需要每天参加晨会，但他们被鼓励一周参与两次以上。在实际实施中，参与率为人均每周1.7次。

CALM的每日晨会持续一个学期，每周辅以一个明确的朝向自我关怀的主题，例如接纳、正念、平衡等。CALM鼓励教师将晨会中学习的技巧应用在工作中，为此，参与教师会收到一套练习卡片，包含每周的主题、练习指导和使用场景（例如暂停，数到3，让呼吸、身体和心灵稍慢一些），以及教师将这些练习技巧带入生活的建议。

将CALM中学到的情绪和人际沟通技巧运用于生活，尤其是职业生涯中，给予教师轻量、持续、贴心的支持，是CALM计划最大的特点。此外，CALM在诞生之初就是一个为"真实工作场景和组织"而设计的"落地化"教师支持方案，这使得CALM成了一个基于组织内部的正念为本教师关怀项目，教师们一起参加每日晨会，练习在一个团体场域中发生，关怀、觉察和友爱在持续的练习中自然形成一种组织承诺，流向工作场所，形成关爱和觉察的组织文化。

师生关系：撬动变革的支点

CARE和CALM计划是基于设计者对于以下问题的思考展开的："什么是健康的校园？""如果想要孩子的社会情绪能力得以健康发展，学校究竟应该怎么做？"与通常所认为的直接给予孩子有针对性的训练这一思路所不同的是，CREATE秉持这样的观念：孩子在校园生活的时时刻刻都处在人际氛围当中，教师在这个人际氛围中起到至关重要的作用。一个教师影响着一个课堂，一群教师则决定着一个学校的人际氛围。因此，唯有教师能够具身展现自己活在当下的能力，在一言一行中体现对学生的真正关切和面对情绪起伏、生活压力以及人际冲突的处世智慧，学生才会真正学到这一切。尽管在实施形式上不同，但CARE和CALM都基于一个"亲社会教室模型"，即一个从教师的社会情绪能力到教室氛围再到学生表现的作用通路模型，如下图所示。

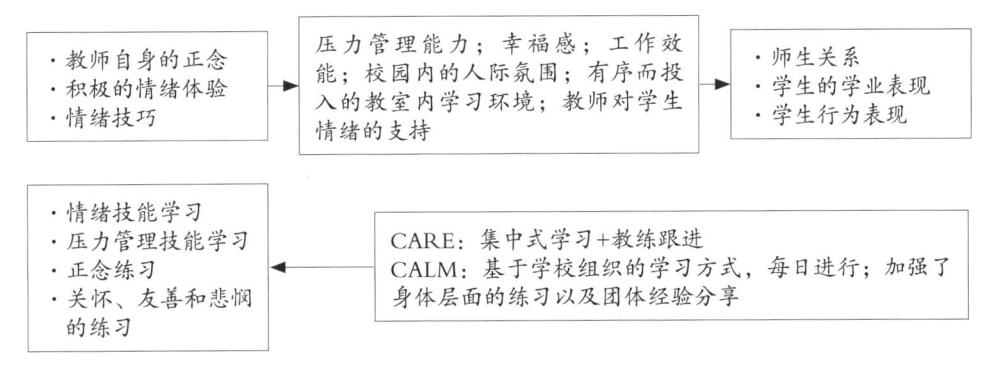

| ・教师自身的正念
・积极的情绪体验
・情绪技巧 | → | 压力管理能力；幸福感；工作效能；校园内的人际氛围；有序而投入的教室内学习环境；教师对学生情绪的支持 | → | ・师生关系
・学生的学业表现
・学生行为表现 |

| ・情绪技能学习
・压力管理技能学习
・正念练习
・关怀、友善和悲悯的练习 | ← | CARE：集中式学习+教练跟进
CALM：基于学校组织的学习方式，每日进行；加强了身体层面的练习以及团体经验分享 |

图1　亲社会教室模型

上述模型的核心假设是，教师自身的正念水平（活在当下的能力）、处理情绪的能力以及感恩、友善等积极的情绪体验，可以支持教师发展出在压力中保持适度松弛和平衡的能力，进而提升教师的幸福感和工作效能，促进教师所在人际系统的良性互动，其中也包含着教师在其主要的工作场所——教室中的人际互动。教师的上述能力会使得教师在教学中更具技巧，形成更为安全、温暖的课堂气氛，从而最终促进师生之间的联结，使得学生更容易在学术上取得成功并表现出更具适应性的行为。

CARE和CALM都通过以正念为基础的具身学习来促进教师正念水平的发展，明确的情绪技能和积极情绪体验的培育也建立在正念基础之上。除了前面所述的学习频次和形式的差异外，CALM项目中还增加了更为明确的身体途径，来显化身体在发展健康情绪和压力管理技能中的作用。此外，CALM植入校园组织的、细水长流式的团体训练方式也实现了"支持教师内在资源的发展"，成为一种组织共识和行动承诺，使得CALM可以成为与CARE衔接和融合的一个教师社会情绪学习专业发展校本模式。

CARE和CALM都得到了数项随机对照研究的支持。与对照组的教师们相比，参与CARE计划的教师展现了更高水平的正念、更低水平的压力和职业倦怠感，以及更多的幸福感，这些心理健康的益处也表现在与压力相关的生理指标上。并且，受训教师的师生关系和班级氛围也更好。这些结果支持了上述亲社会教室模型，即教师的社会情绪能力的提升会导向更为真诚温暖的师生关系和班级氛围。在一项发表在美国《教育心理学杂志》上针对纽约 36 所学校的 224 名教师的研究中，独立的观察者走进教师的课堂，观察教师的实际教学。数据清晰地显示，参与CARE的教师在情绪调节、正念水平、心理困扰等多个方面得到了改善，并且他们在班级互动中对学生的需求更为敏感，班级氛围更好。在 9 个月后的追踪研究中，教师的情绪调节和正念水平持续增高，心理压力持续下降。值得注意的是，CARE对工作中面临更多挑战的贫困地区教师的作用更为明显。与此同时，当持续的团体练习被带入工作场所时，干预带来的益处也是显而易见的。2017 年发表在《压力与健康》杂志上的随机对照研究显示，持续参与CALM晨会和坚持个人练习增强了教师的正念水平、积极情绪、压力耐受度和幸福感，改善了他们的压力相关症状和教学效能，为教师身心健康带来了有益的影响。

访谈、个案等质性研究所得到的发现与上述量化研究一致。在两项关于教师评价CARE项目的质性研究中，通过半结构化访谈揭示了参与者如何将所学技能应用于工作情境中。参与者报告，在接受干预后，他们能够准确觉察当下的情绪体验，并对此刻的情境进行重新评估，这样的改善使他们在面临冲突时，能以更广阔的视角来看待经验，而不再被情绪所淹没。这些研究揭示了教师的幸福感与他们所在的课堂质量之间的重要关系，而CARE和CALM这样的教师专业发展项目可以实实在在地提升教师的幸福感和社会情绪能力。

做学生的"神经雕塑师"

如何给教师以支持，使得他们能够以更好的状态去履行一个教师在一群孩子的生命中所承担的责任？这个问题触及"如何基于教育的本质去看待教师在孩子成长过程中的角色"这一内核。尽管教育的形式会受限于特定的时代背景——我们熟悉的当代教育形式嵌套在工业革命时代对劳动者的要求基础上——教育的形式也必将随着社会生产力组织方式的变化而不断发展。然而，教育的内涵仍有其不变性，教师在教育过程中的作用是以这种不变性为根基的。

现代的"教育"一词起源于拉丁文educare，有"引出"的意思，强调教育是一种顺其自然的活动，把人所固有的或潜在的素质自内而外地引发出来；中国自古以来的教育思想中，也是将尊重个体差异、发扬和培育人内禀的光明本性放在至关重要的位置。真正地去了解和尊重教育对象，是所有历史背景下的优质教育都遵循的共同准则，也符合当代心理学对个体发展规律的基本认知。学习在多大程度上能够在学生自我驱动和自我激励的进程中发生，教育就在多大程度上向更成熟和完善的方向前进。教师不再仅仅是知识的传递者，而是个体成长的启发者、学习的激励者和合作者。学习不仅在课堂上面对书本和知识讲授时发生，更多的是在人与人的互动中发生。在今天的教育形式下，作为对学生具有最深远影响的人之一，教师可以成为学生的"神经雕塑师"——具有重塑学生认识和回应经验的神经活动模式的重要作用，这是对"教育是一个灵魂影响另一个灵魂"的科学解释。因此，帮助教师在工作中有意识地联结作为教育者的这一份使命，并且支持教师将关怀的、友善的、有觉察的精神品质在工作中"发挥出来"，成为课堂内外乃至整个校园的"和谐天气"的制造者，是教师专业发展在狭义的教学技能发展之外必将朝向的方向。CREATE项目就是这一变革方向上的先行者。目前，CARE在针对教师进行的培训课程外，开始探索为校长、教育管理者提供定制的课程，内容涉及校园管理者领导力培养，未来将支持学校建立一条覆盖从领导者到教职员工的上下贯通的正念学习通路。

第四部分

中国，
正念教育在行动

当代正念的创始人和早期推动者们，到中国做正念相关演讲和培训时，都将自己的中国之行称为"还宝之旅"。他们的意思是，正念是流淌在东方文化尤其是中国文化血液中的精神元素，无论是道家的"致虚""守静"，还是儒家的"养浩然之气""尽心知性"，都充满了正念的精神。更为重要的是，对中国文化影响至深的儒释道传统均强调正念精神品质对于道德修养、身心健康乃至完美人格的重要价值。正念教育团队在将正念带向校园的过程中，逐渐明确了将正念融入本土文化、发展出真正能融入中国教育环境的正念教育服务目标。

中国的正念教育实践方向

宋晓兰

正念,无论是作为一种生活态度、生活方式,作为一种哲学思想,还是作为一种心理健康维护手段,都并非舶来品。在中华优秀传统文化中,正念是健康心灵的核心,也是健康人格乃至高尚品德的核心。

"大学之道,在明明德,在亲民,在止于至善。知止而后有定,定而后能静,静而后能安,安而后能虑,虑而后能得。物有本末,事有终始,知所先后,则近道矣。"《大学》中的这段描述,其实就反映了是正念心理品质的培育途径和培育方向,这条途径通往中国独特的精神追求——"道",既指向个人的通达,也指向作为一个社会中的人应承担的建设和谐美好家园、为人类福祉而努力的责任,此为"大道"。

中国独特的修心文化与当代正念科学所揭示的正念心理品质的价值,不仅一致,而且具有更为深远的意义。包括乔·卡巴金在内的多位当代正念先行者,都明确表示:尽管当代正念兴盛于西方,但正念其实是深深植根于中华文明的精神品质。

因此,正念在中国的发展,有着其他文化所不具备的独特的文化根基。审慎、智慧地将其运用于教育场域,能为国家和社会乃至人类文明发展做出更有价值的贡献。

基于此,正念教育团队在多年的探索实践中,渐渐形成了一条清晰的中国正念教育之路,称为"减压、健心、育德——中国正念教育三部曲"。

减压、健心、育德
——中国正念教育三部曲

楼 挺

在国际上,以正念为基础的心理干预正在进入被称为第二代正念干预的新时期。与以MBSR、MBCT为代表的从临床中走来的第一代正念干预相比,第二代正念干预开始认识到正念练习中的伦理道德指向对正念练习发挥更大价值的意义,而这曾经是被第一代正念干预刻意剥离的部分。

这既是一种创新,也是一种回归。随着对正念研究和认识的不断深入,正念修习中蕴含着的力量最终会指引人们实践的方向。而这一部分,在中国数千年的文明发展中,其实从未被丢弃。当代正念的可操作化导向,为中国精神在这个时代下重新焕发生机,提供了可依循的路径。而中国人的"致良知"和"智仁勇"的精神传承,为正念训练赋予了更为广阔的价值导向。

《大学》中"知止定静安虑得"的中国精神之序,与正念的修习路径一致。正念教育三部曲,从中国人的"心性"传承出发,在当代正念训练的科学研究基础上,提出了"减压、健心、育德"的中国式心的健康教育体系。

MBPE的定位

MBPE以当代心理健康科学为基础，以中国优秀传统智慧为核心，以立德树人为宗旨，是定位于"减压、健心、育德"的心的健康教育体系。MBPE的初心是：化解教育焦虑，回归教育幸福。MBPE的愿景是：赋能当代教育，助力中华民族伟大复兴。

MBPE的核心理念

MBPE本质是"心的健康教育"，即通过训练人的正念觉察、自我接纳和内在定力，发展人与生俱来的智慧、仁爱和勇气，这是"MBPE三要素"，是人全面发展和品德完善之根基，也是卓越教育的根本。

图2　MBPE三要素

心的健康三原色

"心的健康"与现代心理学中的"心理健康"的概念既有相同的地方，又有不同之处。"心的健康"从中华优秀传统文化对"心"的深刻洞见中发展而来，以传承了几千年的中国优秀传统智慧的理论和实践为基础。"心的健康"有三个基本素养，被称为"心的健康三原色"，即智、仁、勇。

儒家经典《中庸》中说道："智、仁、勇三者，天下之达德也。"中国古代先贤通过深度的自我修习发现：当一个人在内心慢慢培育起"智、仁、勇"这三种优秀的心理品质时，他的内心便是通达无碍的完全健康状态！

"智、仁、勇"之所以是心的健康三原色，是因为其他几乎所有的健康、优秀的心理品质都是由"智、仁、勇"这三种基本心理品质发展而来的。

MBPE的科学根基和文化根基

MBPE的基础是当代以科学实证研究为基础的正念训练，科学研究支持正念训练对于缓解人的压力、增进人的身体健康、提升心理健康水平、改善人的大脑功能和结构、促进人际和谐、提升人的幸福生活品质等诸多方面具有深层而广泛的作用。

MBPE的文化根基是中华优秀传统智慧。中华优秀传统智慧不仅是中国人的宝藏，也是整个人类文明的瑰宝。中华优秀传统智慧的传承、发展、实践、研究对于促进人类命运共同体的和谐发展、促进整个世界的和平与繁荣都具有不可替代的重要价值。

正如卡巴金所言："如果可以更好地联结到中国的传统智慧，来一场像文艺复兴的运动，这将是多么伟大的一件事情。这是一种真正的智慧和慈悲的复兴，其实这是比MBSR更广大的一个议题。"

MBPE三部曲——卓越教育者的修习之路

MBPE三部曲是正念教育的主轴，分为初阶、中阶和高阶三个训练阶段。初阶训练以减压为主轴、中阶训练以健心为主轴、高阶训练以育德为主轴，如下图所示。

图3 正念教育三部曲

MBPE 初阶训练：减压

MBPE 初阶训练是 MBPE 的基础课程，以"减压"为核心，为期 3 周。课程目标为促进教育者对身体、情绪和人际压力的自我调节，改善教育者身心健康，提升人的复原力。课程以"4 次团体课程和 21 天每日正念"的方式展开，团体训练的时长每次 1.5 小时左右，每天在家训练 15 分钟左右。

表2　MBPE初阶训练

团体课程	课程主题
第一次	MBPE减压基础
第二次	从内部化解压力
第三次	用正念滋养生活
第四次	从减压到健心

持续 21 天的每日学习总计耗时 10—15 分钟，包含微课形式的理论学习和正式练习，以及基于每日主题的生活练习。

图4　初阶训练每日学习结构

MBPE 中阶训练：健心

健心课为 MBPE 的主干课程，以"明德"为核心，为期 0 周。课程目标为：提升教育者心的品质，深化教育者自我德行，促进教育者在生活和工作中实践 MBPE 的理念及方法，提升教育者幸福感。

课程以"每周一次团体集中训练和每日家庭作业"的方式展开，每次团体课程时长 2.5 小时，家庭作业训练时长 30 分钟。

表3　MBPE中阶训练

团体课程	课程主题
开　课	心的健康是什么？
第一周	正念觉察，智慧之光
第二周	自我接纳，仁爱之门
第三周	内在定力，勇气之源
第四周	让心入静，探索自我
第五周	正念沟通：修己以安人
第六周	正念生活：平常心是道
正念日	深化教育者的具身正念
第七周	正念教育：无为无不为
第八周	成为正念教育者

MBPE高阶训练：育德

此阶段为MBPE师资阶段课程，以"亲民"为核心，为期3个月。课程目标为促进教育者深切体悟"德"的内涵与价值，明了正念教育育德的核心理念与原理，掌握正念教育育德的3种素养、7个态度、5大技能，以提升人的育德力。

课程以模块化工作坊的方式展开，每次工作坊后均配有相应主题的课后练习，参加所有课程内容的学习，进行相应的练习与教学实习，并在通过"正念教育委员会"审核后，颁发"MBPE正念教育讲师"证书。

表4　MBPE高阶训练

团体课程	课程主题
模块一	正念教育原理与伦理
模块二	正念教育具身与分享
模块三	正念教育的基础练习
模块四	正念教育的核心练习

续表

团体课程	课程主题
模块五	正念教育团体与探询
模块六	正念教育研习与组织
模块七	正念教育深化与督导

谁是教育者——MBPE三部曲的受众

在MBPE体系中，教育者并不仅仅指老师，"教育"在这里指向人与人的关系。教育者指的是那些在生活和工作中，对他人的健康幸福和成长负有直接或间接责任，并承担相应教育功能的人，包括：

（1）家长：孩子的父母或养育者，承担家庭教育责任；

（2）教师：学校的老师和教育工作者，承担学校教育责任；

（3）管理与领导者：组织的管理和领导者，承担社会教育责任；

（4）相关专业工作者：心理学家、医生、律师、社会工作者等。

正念教育 看见成长
——履坦小学正念教育实施经验分享

郑红燕

我来自浙江省金华市武义县履坦小学,一所古朴的乡镇中心小学,学校坐落在武义江畔。

校园设施虽然相对落后,却并未消减我们履坦小学师生对于生活的热爱。我们把"让每个孩子享有开心童年"作为我们的办学理念,殷切希望每一个孩子都能够健康快乐地成长。健康童年,应该是身体和心理两方面的健康。在如今生活水平日益提高的情况下,让孩子拥有一颗阳光健康的心,拥有高品质专注力、思考力,拥有积极情绪,显得尤为重要。也就是秉持这样的初衷,我校何校长从零开始,策划设计了我校心理健康教育中心。从最初的心理健康辅导室"履心驿站",到现在的正念教育主阵地"履心苑";从最初的1位心理兼职教师,到现在的10位正念教育种子教师;从最初的正念教育零星摸索,到现在初见成效的正念教育体系,无不体现了我们守护孩子健康童年的决心。在建设过程中,我们得到了浙江师范大学正念研究实验室老师们的理论支持,金华市教育教学研究中心赵晶老师的热心指导,武义教科所傅华静所长、武义春雨润心工作室王春丽老师的牵

郑红燕,武义履坦小学教师。

线搭桥。因为有你们，我们履坦小学的正念教育才有了勇敢前行的力量。

首先，我们给面向学校的正念教育下了一个定义。我们认为，相较于面向整个社会的正念教育，学校正念教育应该凸显出教育的功能。所以我们是这样来界定学校的正念教育的——及时准确地觉察当下的心理活动或者情绪，并加以积极的引导。

下面我将围绕"定一个正念教育框架，做正念教育三块内容，建一个正念教育实验班，出一个正念教育产品"来向大家汇报我们的正念教育尝试。

专家引领的正念教育框架设计

我们多次邀请宋晓兰老师、楼挺老师、赵晶老师、傅华静老师以及王春丽老师等专家，召开正念教育研讨会，请专家给我校把脉，搭建正念教育顶层框架。

第一个是正念育人的目标。即通过正念教育，我们要培养孩子良好的专注力品质和思考能力，增强学生的情绪调节能力与自信心。

第二个是正念育人文化。营造一种氛围，一个潜移默化、润物细无声的正念教育环境。比如张贴标语标识，设立正念练习的场所。

第三个是正念育人行为和活动。结合教育部的"五项管理"，组织正念打扫、正念进餐、正念午睡等活动；结合"5+2"模式下的放学后托管服务，开发正念阅读、正念空竹等活动课程；结合"双减"，提升正念课堂下的课堂教学品质等。

外修于形的正念育人环境布置——"履心苑"的建设

兵马未动，粮草先行。早在2018年，我校就以"德育为先，全面促进学生身心健康成长"为宗旨，成立了"履心苑"。2019年，给"履心苑"配备了多位兼职心理教师，开通了心语热线和心灵信箱，让有情绪问题的孩子有地方疏解情绪，让学习压力较大的孩子有地方减压。

之后，我们有幸遇到了正念教育团队的专家老师们，开始了解正念教育，知道通过正念练习，能提升孩子的专注力、思考力，培养他们的积极情绪，这与我们"让每个孩子享有开心童年"的理念不谋而合。于是，在专家们的指导下，我们开始着手优化我校心理健康中心"履心苑"，即我校正念教育活动场所。2020年11月，我们的"履心苑"正式完工。我们用绿色作为主色调，让孩子们一进入"履心苑"就能获得一份心灵的安宁。我们还设计了一些引导语，以期这些引导语能提醒孩子们：看到这些提醒语的时候，就停下来，回到正念。在大家的共同努力和专家们的无私帮助之下，2020年11月20日，我校被列为正念教育实验学校。

有了外显的环境，响亮的名号，我们开始积极修内——教师队伍建设。

内化于心的教师正念培训

请专家进来

我们邀请MBPE联合发起人楼挺老师给全校教师做了正念教育培训，让全校教师对正念教育有了一个初步的了解。接着，我们组建了履坦小学正念教育种子教师小组，邀请浙江师范大学正念研究实验室的李红梅老师来我校为种子教师进行为期5周的正念系统训练。在李红梅老师的带领下，大家进行了正念呼吸、身体扫描、正念行走、正念饮食等正念练习，通过小组讨论、学员分享等讨论式学习，从多个维度开展了正念学习和正念应对压力策略练习。

走出去学习

我们选派教师积极参加各类正念培训，如"教师正念减压培训""正念教育基础课程之人际关系模块培训"等。

静下来提升

我们把正念研修归入校本培训内容。我们向全校老师发出正念午休邀请，每周三和周五中午，在学校舞蹈教室开设"幸福正念午休课堂"，尝试由本校徐斌、朱巧萍、郑红燕老师带领大家做一些正念练习；我们根据学校教科室的安排，让全校教师每学期共读一本正念书籍，写一篇读后感，定期开展"正念读书会"分享心得；我们定期进行正念团辅课，并要求教师们将活动方案和课件上传至学校指定云盘，形成资源共享，便于正念团辅课的组织开展；我们还组织教师参加了正念线上体验课。

内生于心的学生正念练习——各个项目的探索

赵晶老师一直激励我们要"边做边学、做中学"，他一直强调"世界属于行动者"。在赵晶老师的鼓励下，我们一边制订项目推进计划一边开展正念教育活动，并在活动中不断完善项目计划。

以班级为单位的课后托管正念团辅

如何在"双减"下"5+2"的放学后延时托管背景下提升我们的教育服务水平？除了一小时的作业辅导，我们还给学生提供了正念团辅课。我们设计了"正念呼吸""正念打扫""正念行走""正念阅读""体验情绪"5个正念团辅课内容，并成立了相对应的教师团队。每节正念团辅课均由一位正念教育种子老师负责教案设计、课件制作，并面向本团队老师开展示范课，然后由本团队老师给全校各个班级讲授示范课内容。这样，全校学生都能体验到这5个方面的正念练习。这样的正念团辅课，不但丰富了课后托管内容，更为学生带去了心灵的滋养。

"双减"下基于正念的品质课堂尝试

通过每月一次的学校教研课堂大比武，展示基于正念的、促进学生"深度学习"的教学设计。老师选择同一个教学片段进行同课异构，分析正念课堂下培养学生高阶思维能力的可行性。记录与常规课堂的区别，觉察课堂中的问题，并进行分析、梳理，探讨优化正念课堂的教学策略，推动下一次课堂升级。将大比武中总结的经验和策略应用于教师个人的课堂实践，更多地去觉察学生的学习状况，引导学生与教师一同构建师生互动的深度学习课堂。

"履心苑"里的正念小团辅活动

作为学校的正念教育主阵地，我们会定期在"履心苑"举行一些日常化的正念小练习教研活动。通过类似的教研活动，来提升老师正念实践的水平。同时，让更多的学生参与体验正念活动（比如吹泡泡、摇摆的树、沙漏练习、水晶球练习、我的毕业愿望、我的成长树、我的小心愿等）。当学生把觉察带到这些活动中时，不仅训练了注意力，而且能够让他们清楚地注意到、认识到当下的想法，并能尝试放下脑海中不断涌现的念头，从而提升他们的专注力、思考力。

课前正念一分钟，迅速进入学习状态

上课铃声响过，学生刚从教室外回来。如何让学生快速安静下来，马上进入专注的课堂模式？我们把上课铃分成两部分：正常的上课铃声和一分钟的正念呼吸练习。正念呼吸练习引导学生把注意力放在鼻尖下面，感受鼻尖下的呼吸。正念呼吸让学生的注意力回归了身体，让心从教室外回到教室内，学生专注的学习状态被激发出来了，为高效课堂的开启打下良好基础。

清晨的正念行走

我们学校是一所乡镇学校，许多家长为了早早去干活，不到7点，就把孩子们送到学校大门口了。为此，老师们轮流值班，带领早到校的学生进行"清晨漫步"，即在操场上进行正念行走，引导学生放慢脚步和节奏，就好像电影里的慢镜头那样，把全身的注意力放在双脚、小腿、大腿、手臂等上面，感知运动过程中肌肉紧张、重心移动、接触地面等的感觉。边行走，边进行呼吸训练。正念行走常常被称为"运动的冥想"，这一训练非常有助于学生从焦躁不安回到安静状态。

正念实验班级建设

二年级三班的班主任朱巧萍老师是正念的受益者，也是正念教育的一个积极实践者。她把正念教育融入了班级的日常活动和教学中，每次的正念练习都取材于学生的日常，比如正念打扫、与注意力为友、正念阅读等。这些随时随地取材的正念小活动取得了令人惊喜的收获。

六年级三班的班主任涂海丽老师也把正念教育融入了日常教学工作中，并邀请楼挺老师每周给孩子们上一节正念团辅课。持续 8 周的正念课让孩子的日常行为表现有了明显的变化：他们更容易安静下来，情绪变得平稳，并在毕业考中取得了优异的成绩。

一个正念教育产品——正念小游戏手册

家庭亲子正念也在探索中渐渐孕育成型。在浙江师范大学正念研究实验室的支持下，我们设计开发了几款"正念居家小游戏"，帮助家长在家做好孩子的陪伴者。我们陆续推出了 5 期居家正念小游戏，分别为"指尖敲打""抓撒小纸片""美食链接""与情绪为友""收获平静"。每一期的游戏内容都经过了前期策划、精心拍摄、后期制作等多个环节，并考虑了亲子良性互动的原理和技术，使游戏本身的趣味性更大。这些小游戏增进了家长和孩子的亲密度，提升了家庭幸福感，获得了孩子们和家长们的喜欢，并在线上沟通群内进行了在线分享。

接下来我们将推出一系列"正念校园小游戏"。期待这些正念小游戏能进一步提升孩子们的专注力品质以及调节情绪的能力，促进孩子身心健康发展，让履坦小学的每一个孩子都享有一个开心童年，并由此学会一种终身可用的身心健康自我维护方法，来帮助他们在成长过程中应对生活中遇到的种种困惑。

以上是履坦小学一年多来在正念教育方面所作的一些探索，虽然成果并不丰硕，离成熟还非常遥远。但是我们深信，带着觉知且持之以恒的行动，能够创造奇迹。世界属于行动派，未来，我们可以做得更好。

第五部分

正念教师之声

这一部分收集了"正念教师之声"征文活动的部分优秀文章，以及在正念教育课程发展过程中，学员们的部分学习心得或课后反馈。正念教育MBPE体系在几年的发展历程中，慢慢沉淀出了"减压·健心·育德"三个拾级而上的课程模块。虽然这些作者参加的课程模块或学习历程有所不同，但无一例外的是，这些文字都扎根于他们的学习历程。这些文字中没有长篇大论的道理或严密的论证数据，只有深入个人生命历程的质朴和热忱，读来毫无距离感。如果你是一位对"教师学习正念后究竟会怎样"感到好奇的读者，那本部分尤其合你胃口。

正念，生命的礼物

范群英

我是浙江省衢州市常山县天马第二中心小学老师，之前一直任教语文，现在在学校任教科学和心理健康。

2013 年，我在体检中查出了肺癌，做了左上肺切除手术。2014 年又查出了甲状腺癌，做了左侧甲状腺切除术。2016 年 3 月，我在复查中发现了肺癌转移。

那时，我感觉自己的人生是灰暗的，看不到希望，看不到曙光。

我不知道自己该如何去继续生活。

正当我陷入迷茫与恐惧之中时，有一位心理咨询师向我推荐了正念。

初识正念，生命有了共鸣

我学习正念，是从阅读卡巴金博士的《不分心：初学者的正念书》开始的。

2016 年 11 月，当我拿到这本书时，便迫不及待地翻开了，导言的第一句话就抓住了我的心："欢迎来到正念的世界。也许你对它尚不了解，如果这是你第一次接触系统性的正念学习，那么你极有可能现在正站在生命中重大的转折点上。"顿时，我有一种心灵被撞击的感觉，又仿佛自己的生

范群英，浙江省衢州市常山县天马第二中心小学老师，正念陪伴她度过了与癌症共处的日子。

命开始走进一个全新的世界,内心充满了好奇,充满了期待。再往下看,果然,书中的每一句话,都能引起我的共鸣。

"不管我们在想什么,好事、坏事、美的、丑的,我们都不必把它太过个人化,以此苛求自己。"

所以,曾经的恐惧,曾经的焦虑,那仅仅是念头而已,它不是"我"的。当我开始在心里接纳它,允许它存在的时候,我发现恐惧开始与我渐行渐远。

"不评判是理智与善意的行为。"

是啊,是时候停止那些对自己的痛斥了。生病后,我曾经在心里痛斥自己以前太辛苦,每天忙得像一个陀螺;我曾经在心里痛斥爱人以前太懒惰,以至于我在家里太操心……我开始停止痛斥,并且告诉自己:过去的已经发生,我能把握的,唯有现在。

走近正念,生命有了方向

带着好奇和迷茫,2017年9月,我参加了在杭州举办的4日正念减压工作坊,4天中,正念导师讲得最多的一句话是:"请照顾好自己。"在一次次的练习中,我也学会了如何温柔地照顾自己。

在这4天里,我第一次体验正念静坐,就是静静地坐着,什么也不做,就这样坐着,与自己的呼吸在一起,与自己的身体感觉在一起。我感觉自己的腿部在发麻和发痒。我没有急着去改变坐姿,而是尝试着与这种感觉在一起,就这样"看着"它。很惊喜的是,我发现过了一会儿后腿竟然不痒了,麻的感觉似乎也没有想象中那么难受。

其实,很多时候,当我们选择直面困难时,也许情况并没有我们想象中那么糟糕。

在正念静坐中,感觉自己的呼吸;在正念伸展中,感受身体部位带给我的紧绷和放松,甚至能感受到血液流淌带来的温热;在正念行走中,感受自己每一次抬脚时脚掌脱离地面的轻盈、每一次落地时脚后跟先着地的踏实……

　　经过这一系列密集的正念练习，我发现原来全然地与自己在一起的感觉是如此的温暖，我心连我身，我就是一个完整的人啊！能走，能坐，能吃，能睡，我何必要被恐惧和焦虑所绑架呢？我要好好地去享受我的生命，好好地体验生命带给我的感觉。

　　参加完工作坊回到家后，我坚持每天做正式练习，也在生活中经常进行非正式练习，吃饭时不看电视和手机，把注意力放在品尝食物的感觉上；散步时不再听音乐，全然地感受自己的呼吸与身体的律动。

　　我发现生活的节奏正在变慢，生命的质量正变得饱满，我的心态也越来越平和，说话的语速也在变慢，语调正在变轻，心胸变得开放了，与青春期女儿的交流也比原来更顺畅了，女儿的学习成绩也渐渐进步了。

　　我感觉自己的生命有了明确的方向。对，就这样活！

深入正念，生命有了收获

　　如果说 4 日减压工作坊让我走近了正念，那么 2018 年 3 月浙师大正念研究实验室举办的 "2+8" 正念健康课程，便是让我真正走进了正念！还记得那时，每周六一大早从常山转三次车赶到金华的那种欣喜与期待，每一周的课程都让我对正念有了更深的体验与理解，收获满满。

　　我在葡萄干练习中收获惊喜。尽管这不是第一次，而且我已经熟悉它的整个练习流程，但是，这次的练习却给我带来了出乎意料的惊喜。

　　当我闭眼静坐，双手掌心朝上放在膝盖上时，我感觉呼呼的空调风撩动了我的发丝，舞动的发丝带给了我温柔与飘逸的感觉。

　　突然，我感觉有个小精灵跳到了我的右手掌上，在掌心上一蹦，稳稳地落在了食指与中指之间的缝隙处。当我正沉浸在这份喜悦当中原来是，又一个更大的精灵跳到了我的左手掌上，在掌心一跃，落在了中指与无名指之间。

　　这是两颗葡萄干？我感觉脸上的肌肉不由自主地舒展开了，原来身体比我的大脑反应快，我还没意识到自己的情绪时，我的肌肉已经开始有反应了，发现了这一惊喜，我的嘴角开始微微上扬。

在正念师的引导语下，我仔细观察着手中的葡萄干，它表面的褶皱，让我想起了香肠的表皮，而且，我注意到，在灯光下，葡萄干在我的手上有一片小小的阴影。原来，明面上相同的练习，内核下每一次体验都是"新"的。正念呼吸，正念行走，正念瑜伽，都一样。每一次练习，都有新的收获。

在团体中收获感动。每一位学员的分享都是那么的真实，那么的细腻。有的学员直面自己的手机成瘾，分享了自己内心中对止语练习的抗拒，也觉察到了自己想要靠近正念的强烈愿望；有的学员分享了自己第一天与第二天的变化，我似乎看到了她由痛苦、沉重、恐慌变得轻松、温柔与沉着的历程。

这些真实的分享带给了我感动与满足，也让我感觉到自己开始对周围一切事物保持一种开放的觉知。

相伴正念，生命有了延伸

正念的练习已经融入我的生命之中，每天早晨醒来，窗外的鸟鸣声、楼下儿童的嬉笑声、楼上浇灌植物的水落在雨棚上的滴答声，都是惊喜！起床后，带着正念晨练、用餐、阅读、洗衣服，每一个当下都可以感觉到生命的精彩。

有时，切菜时，我会感觉到肩膀的紧绷。于是，我尝试放慢手上的动作，咦，紧绷的身体自然就放松下来了；有时，坐在疾驰的车上，我会感觉心是悬着的，于是，我尝试把自己的注意力放在呼吸上，心自然就放了下来；有时，我会因为兴奋或紧张而难以入眠，那么关注呼吸就又成了我的锚定点，随着一次次地走神，一次次地把注意力带回，不知不觉就入睡了。

正念静坐半小时是我几乎每天都会做的练习。当自己一次次吸气把气息带到腹部时，会感觉很满足，很踏实，心跳也平稳；当走神时，再回到呼吸，觉察到自己的气息原来只带到了胸部，心也是慌的，于是又把气息送到腹部，心才慢慢安定下来。后来，我又觉察到自己的肩胛骨很酸胀，我又尝试把气息送到肩胛骨，酸胀的感觉竟然渐渐消失了。

静坐结束后，我感觉自己的脚是肿胀的，于是我把双脚并拢，将双膝抱在胸前，渐渐地，我感觉自己的脚正在变薄，变轻，变得没有一点力气，感觉自己的手一放开，脚就会瘫下去似的；渐渐地，左脚变得有力了，能稳稳撑住，可右脚却似有无数根细细的针在刺向脚底，直至几分钟后，这些针刺的感觉才慢慢消失。然后我发现右脚比左脚红，又过了两三分钟，右脚的红色慢慢退去，这时，我再站起来，双脚已经没有不适了。

我也经常把正念分享给我身边的同事。在课堂中，我会经常带领学生做3分钟呼吸空间的练习；在学校心理咨询室里，我会引导来访者去察觉自己当下的状态；在一些讲座中，我会带领教师们做正念呼吸和正念伸展。分享是快乐的，就像楼挺老师说的：愿正念能够惠及每一位教师。

2018年10月的一天，我的爱人告诉我，其实，在2017年3月，就有一位医生曾经断言，我最多只能活10个月左右。爱人当时不敢告诉我，如今看我这么阳光，这么幸福地活着，他非常欣慰，而我也更坚定了未来的生命离不开正念。

2019年8月，我的病情又发生了变化，辗转于几大医院、等待检查结果的煎熬、选择治疗方案的纠结、对治疗前景的担忧、对疾病变化的恐惧，让我的情绪一次次跌落谷底，我允许自己的这些情绪自由地来，并且每天练习"与困难共处"，当我尝试把呼吸和关怀带到我的病灶时，我感觉我体内的肿瘤就像一个个受委屈的孩子，我一次次把呼吸带到它那里，就好像在一次次轻抚着它，渐渐地，我感觉它变得安静下来了，变得乖巧听话了。

我不再排斥它了，我允许它的存在，肿瘤也是我身体的一部分，我放下了对它的敌意，我感觉我在与它和平共处。

很快，我就摆脱了情绪的困扰，选择了最适合自己的治疗方案，然后继续着每天的幸福时光，该吃吃，该喝喝，该走走，该睡睡，每一个当下都是活着的感觉。

我不知道我未来的生命还有多久，
也许很长，也许很短，
没有关系，
我是为了生命在当下的体验而来
在每一个当下时刻
我唯一要做的，就是，
全然地接纳，
全然地体验，
全然地享受，
允许一切如其所是。
正念，
是我生命中最美好的礼物！

正念，让我遇见更好的自己

杨海雁

遇见

我是一名专职心理教师，此前对正念一知半解，直到我参加了浙江省教育厅教师培训平台的正念培训课程（由浙师大正念实验室主办的正念教育模块化培训）。

在那几天的正念培训中，身体扫描让我体验最深：睡着，醒来，睡着，醒来……感觉非常地舒服，心里充满了喜悦。

成长

短短几天正念练习，比如正念吃葡萄干、止语、正念行走等都深深地影响了我的生活。

以往，我学了很多，懂了很多，但还是处理不好与自己的关系。正念让我开始静下心来，觉察自己、照顾自己，更好地处理自己的情绪。

比如学校领导要求我发布一篇介绍17位同学学习心得的推文。我花了好几个小时，编辑完之后发给领导审核，领导回复还要增加一些内容，照片还需重换。

杨海雁，浙江省温州市苍南县灵溪中学专职心理辅导教师，其心理辅导个案、活动课设计、论文多次在省、市、县获奖。

顿时，我心里很不舒服，头脑里有个声音："啊？我还要修改？那这样的话我之前的工作不都白做了吗？"但我还是回复了领导："好的。"表面上，我接受了领导的修改意见，但心里还是在责备："为什么不把材料收齐了再发我？既然确认了照片，为什么还要进行更换？这不是增加我的工作量吗……"

下一刻我想起了正念。于是，我选择停下，去聆听心在说些什么，几分钟后，我有种被自己理解的感觉，那一刻，也感受到了身体的疲累，我告诉自己："时间很晚了，我需要好好休息了。"

当天晚上我好好地睡了一觉，第二天醒来，平静了很多。也不由地想到，学校打印室的两位工作人员，要负责全校资料打印、复印工作。我以前都是直接通过微信把材料发过去，让她们反复修改，理所当然地觉得那是她们的工作，但自己经历了这件事情之后，我更能理解和体谅她们日常工作的烦琐了，那需要多大的耐心去处理啊！我好像也看到了班主任在忙碌地收集照片的情景，此刻，内心对他人也多了一些理解。

在生活中，我常常有一些容易被小事困扰的时刻，比如疲劳时，繁忙时，虚荣心、傲慢心、自卑、不自信作怪时。现在，我发现当我静下心来、转向内在，允许不同的思绪来来去去时，我反而能够开始爱自己，拥抱自己，告诉自己："我懂你，我理解你！"情绪也将随之平复下来。

助人自助

随着正念练习的持续，我发现自己与身边的人、事、物的关系也发生了改变。

以前，我和我孩子相处时，很容易发火、生气。孩子凶，我也凶；我凶，孩子也凶。

但现在，当孩子不舒服时，我会选择静静地陪着他；当孩子让我有情绪时，我会选择尽我所能心平气和地表达我的感受。

慢慢地，我和孩子都越来越有能力与情绪共处了，内心也越来越平静。

我也会将正念运用到学生的个案咨询中。

有一次，一名学生来到心理咨询室，她告诉我，她经常感到紧张、焦虑。很明显的是，她遇到困难时习惯向外发泄自己的不满，寻找他人的责任、原因，整个人气色看上去也不太好。

咨询中无论我怎么引导，她的负性情绪都还是很强烈。我尝试了各种方法都无效，那一刻我又想起了正念。在一次咨询时，我带上了葡萄干，像培训课上老师引导我吃葡萄干一样，我也引导着她正念吃葡萄干。

让我惊讶的是，在吃完葡萄干后，她的情绪平静多了，我也能够慢慢走入她的内心世界了，她开始正视自己，意识到自己的不足，也看到了自己对外在他人的指责和偏见。

在心理课堂上，我会让同学们止语，引导他们去觉察身体感觉、情绪感受，经过一段时间的练习后，同学都反馈专注力变强了。

新冠疫情期间，我将正念融入学生心理健康网课。同时，录制正念视频，提供给县妇联、县教师发展中心、县防疫站等部门，在他们微信公众号里播放。希望以我绵薄之力帮助到大家。

生活中，我有意识地将正念带入所做的每一件事情中，感受着真诚、温暖、舒展，觉察活在当下的感觉……

正念，让我遇见更好的自己。

孩子们，请和老师一起静心吧

汪碧颖

教育教学是一份辛苦的工作，也是一份很复杂的工作。在与孩子们的互动中，要传授他们知识与技能，也要教导他们怎样为人处事。如何构建和谐的师生关系，创建积极向上的学习氛围，呵护孩子们的身心健康？这是我们在做好教学工作的同时，需要深刻思考的问题。在接触了正念训练之后，我发现它是一个有效促进自己情绪平和、觉察自我、应对事件和压力的方法。并且，教师能够通过自己修习正念，逐渐提升正念的心理品质，从而能够以正念关照自己的身体、平复不良情绪、处理负性想法，以平和的态度面对教育教学过程中出现的压力情境。更进一步，可以帮助孩子们学习与练习正念。这便是我理解的正念教育的训练了。

在学习正念的过程中，我尝试将正念融入自己的教育教学工作中。我发出了这样的邀请：孩子们，请和老师一起静心吧！

遇见正念

正念是对当下的觉察，是以一种开放和友好的态度有意识地去了解发生在身心及其周围的现象的过程。这意味着生活在当下，不带有任何的评

汪碧颖，中学一级教师，任教于浙江省永康市石柱初中，曾获永康市初中数学"教学能手"，持有心理健康教育教师 A 证、二级心理咨询师证书。

判,不忽略任何念头,也不被日常生活中的压力带走。正念是一种与生俱来的能力,可以通过练习得到发展和深化。在开始学习正念的第一天,从静坐到纯粹地吃葡萄干,再到身体扫描,没有外界的干扰,没有手机的打扰,只是静静地关注自己,关注自己的身体状态,关注自己的心理状态,关注自己当下的心情,不带评判而是静静地觉察它们,慢慢地接纳它们,无论它们是舒服的还是不舒服的,无论它们是愉快的还是不愉快的。我发现,不评判是一剂神奇的药方,与它在一起,我的情绪保持着平和,而不是去在意对与错,好与坏。对于身体做出的惯性反应,我能更好地保持清醒的思考和积极的反馈。

在正念伸展时,我闭上眼睛,可以更真实地感受到自己身体的存在;在用下巴找膝盖时,我可以感受到膝盖后侧的拉伸。练习中,我仿佛"看到"了自己体内的能量流动路线。每当练习结束时,睁开眼睛,我的眼前都会更为明亮清晰。分享时,我惊喜地发现,我不再需要组织语言,所有的表达皆自然流出。这是一种身心舒畅的感觉。

生活中践行正念

我们容易在一些小事上焦虑。比如每天早晨催促孩子吃早餐:"快点吃,快点吃,要迟到了!抓紧时间!来不及了!"不断地催促,催促孩子,催促自己,而忘记了去觉察自己当下的身心感受,忘记了享受和孩子同在的时光。我们太习惯于把时光浪费在追悔已经发生的过去和担忧没有到来的未来上。不断地循环,不断地加压,不断地逼迫自己去接受各种不适应。对待某些事情时容易产生暴躁情绪,头脑发热,胡乱发泄,之后又会懊恼、愧疚,怀疑自己,自我加压,把生活变得一团糟。当我带着觉察,有意识地不加评判地进入生活状态时,好像把自己从一些情景中拉出来了,更容易去接纳事情本身,而不是惯性地释放自己的情绪。这样我在面对事情时,能更好地认清它、处理它。

生活中，当我有情绪时，会尝试使用STOP[1]技术。我发现我的心态在这个过程中会变得更平和，也更能清晰地认识自己，从而可以更好地去处理一些小状况。因我的平和，孩子们也开始能更好地应对他们生活中的小小争吵和不如意了。

教育中分享正念

我也会尝试在教育教学中带入正念练习，让孩子们有机会接触到它。进入初中，孩子们开始体验住校的集体生活，有欣喜、好奇，也有担心、彷徨，正念可以帮助他们更好地与这些情绪相处，找到适合自身的处理情绪的方式，做自身情绪的主人。

我向学生们发出邀请，请大家和我一起来做"像青蛙一样静坐"练习："请选择一个舒服的姿势坐着，保持脊背的直立，同时放松你的肩膀，闭上眼睛，像坐在荷叶上的青蛙那样，非常非常安静地坐着。呼吸时像青蛙一样，吸气，你的肚子鼓起，呼气，落下，鼓起，再落下。"

孩子们对这个练习有许多的感触并进行了积极分享，还将这种体验带入了周五班队课的"正念诵读"。在一个简单的3分钟正念呼吸练习后，我们一起诵读了班级的共同约定《从此刻起》：

从此刻起，我要做到：入室即静，入座即学。

从此刻起，我要做到：爱护公物，洁净环境。

从此刻起，我要做到：在课前做好预习，做好准备；在课堂专心听讲，做好笔记；在课后及时作业，做好复习。

从此刻起，我要做到：平和自己的情绪，与老师同学一起安静平和地处理好每一个当下。

---

1. STOP压力应对步骤，S：Stop（停下来）；T：Take a breath/break（深呼吸/休息一下）；O：Observe（观察、觉察当下）；P：Proceed（重新起步、继续前行）。

从此刻起，我要做到：积极主动地参与班级地各项事务，创造一个和谐的学习成长环境。

从此刻起，我要做到：努力成为最好的自己！

只有当我们内心平和、安静时，我们才能很好地处理自己以及身边发生的事情。诵读《从此刻起》成了班级独特的活动，借以帮助孩子们发自内心地努力做最好的自己。

我还将正念呼吸练习带入了周一晚自习最后 20 分钟的活动中，以此回应许多老师反映的孩子们的"周一综合征"。孩子们在这个练习中收心，与自己内在的安定联结。我也鼓励他们自己做独立的练习，比如睡前躺在床上无睡意时，通过这个练习让自己安静下来，自然入睡。

在班主任工作中应用正念

有一位孩子，他在紧张和压力环境下，会有肢体上的抽动和不能克制的咳嗽，多次到医院检查治疗，均未发现器质性病变。得知状况后，我跟孩子进行了谈话，了解了他对于自身状况的认知和改变的意愿。并与他共同讨论制订了干预过程。首先鼓励孩子接受自己的这一状态，不排斥它，不抵触它，只是去感知它，并记录它的发生状况。

我给了孩子一本练习本，要求他划"正"字记录在数学课上发生抽动或者咳嗽的次数，并且不忘记听讲，在记录的后面写下这节课的要点内容。这其实是一个觉察练习。一个星期后，他本子上记录的抽动次数明显减少了，其他任科老师也反馈这个孩子抽动的情况有了明显改善。

周末，我布置了家庭作业，要孩子在睡前和早起时做正念呼吸练习。到第三周的时候，这个孩子不仅在数学课上做了觉察和记录，还把这种做法延伸到了英语课上，同时睡前和早起时的正念呼吸练习也完成得很好。

很快，我接到了孩子母亲的电话反馈。她说最近孩子回家后，不再像之前那样不说话了，而是会主动跟家人分享在学校的学习和生活情况。现现在他还在坚持练习，身体状况有所好转，自信心增强了，学习上也充满了动力。

班主任工作繁杂琐碎，会消耗许多的精力和时间，很容易触发负性情绪，导致不能平静地处理问题，继而引发新的问题。练习正念让我能更敏锐地觉察情绪，并且选择在那刻暂停，不被情绪带着走。在和学生谈话和处理问题前，我会先花两三分钟的时间做一个正念呼吸练习，然后快速制订自己本次谈话的小目标，再与学生进行谈话、处理事件。若发现孩子们还处于情绪中，我会先带领他们做一个简单的正念呼吸练习。然后让他们慢慢地描述事情经过，尽可能放慢语速，也试着让孩子们去留意自己的情绪，一旦发现情绪波动较大，就再来一次正念呼吸。这种暂停—觉察的转化力量是让人惊叹的。大部分时候，我只需要做一个倾听者，而不再需要做一个调解者或者教育者。通常，当孩子们在觉察中复述完事情后，就会自然产生一些感悟。他们会觉察到自己的情绪，会看见自己的需要，也会意识到自己的不足和需要改进之处。这样的一个等待和倾听的过程，能比说教和惩罚带给他们更多的反思。

领悟当下，是对内心的滋养；来到当下，是觉察身心的感受；活在当下，是照顾内心的小孩。我和孩子们有这样的约定：从此刻起，觉察自己的情绪，与老师同学一起安静平和地处理好每一个当下；从此刻起，积极主动地参与班级的各项事务，创造一个和谐的学习成长环境；从此刻起，努力成为最好的自己！

正念于我

温旭珍

自 2017 年秋遇见"正念",我就爱上了她。追随她的脚步,认识她,亲近她,而她则越来越像守护着我的天使。

虽没有坚持每天练习,但正念却已经帮我减少了焦虑、恐惧,克服了自卑,提升了工作效率,帮助我度过了人生困难的阶段,开启了人生新的篇章。

缓解焦虑,和气待事

以前的我常处于焦虑状态,尤其是在特别忙碌的时候,担心自己来不及处理事情;遇到自己不擅长的事情时,害怕自己处理不好;经常为还未发生的事而担忧,心情一团糟。

正念让我专注当下。当然,知道和做到是两码事,遇到事情时才会真的想到、领悟到正念的力量。

两年前,我转岗担任幼儿园园长一职,要管理好一个团队有太多需要学习的地方。我并不擅长生活中人际关系的处理,现在却要带领一个团队,面对一群人。我能处理好其中的各种关系吗?

温旭珍,金华市环城二小科学教师,婺城区新狮街道中心幼儿园园长,致力于推动正念、成长型思维在教育工作中的应用,曾参与编著《写给家长的教养攻略》《写给学生的成长攻略》。

我开始变得焦虑，忧虑他人会怎样看待我的一言一行以及大家会说些什么。大脑里充满了各种评价、猜测，如果一直这样下去我可能无法继续工作，我被淹没在了自己的各种想法中……

这时我想到了正念，找出了参加正念培训时的练习指导，开始练习。我尝试觉察自己头脑中的想法并问自己："这是真的吗？"原来想法仅仅是想法，并不需要我做任何反应，我需要的只是聚焦于当下真正要做的事。

比如说在开会征询教师们对于幼儿园管理的意见时，教师们提出了一些想法和建议，这时我脑海中便会跑出来一些不好的想法，例如："是我做得不够好，教师们不满意了吗？"当觉察到这些想法时，我提醒自己这仅仅是想法，当下我只需要回到收集和聆听这些反馈本身，重新聚焦后，我的心也随之安定了很多。

在那段艰难的时间里，我几乎就是靠着正念练习坚持下来的，逐渐过渡适应，和气待事。在正念的陪伴下，我在新的领域里努力学习、成长。

克服恐惧，身心安宁

我时常会有一些莫名的恐惧，比如死亡，它于我模糊又遥远，但经常有许多关于死亡的图像在我的脑海里出现，让我的身心不得安宁。

前几个月，老家房子装修，计划把土木结构的房子翻新一下，将原来闲置的二楼改造成可居住的房间。一件原本愉快的事情，因家人无意的一句"太爷爷因为无法承受癌症晚期的疼痛而选择了在这里非正常死亡"，我心情骤变，心生恐惧。每每经过这里，关于死亡的情景总会浮现，这可怎么办呢？如果我带着这样的恐惧生活在这里，那是件多么令人不安的事情啊！

我尝试以正念来面对内心的恐惧。就像此刻我在深夜里敲打着键盘，屋外一片寂静，大脑情不自禁自由联想，涌出了一些虚无的画面，与一些《聊斋志异》之类的故事链接起来，画面就更丰富了，这些让我更加恐慌。

当下，我有意识地暂停，集中注意力在手指与键盘接触的感觉上，体会手指的温度，键盘的硬度及敲打发出的声音。当然，做到专注并不是一件容易的事，需要一次次地从分神回到手指敲打键盘的感觉上来。只要专注了，一切子虚乌有的东西也便消失了，恐惧减少，心也安了。

提高效率，愉悦做事

从前的我，做事没有条理，效率不高，总是不知道自己要做什么，经常看到这个做这个，碰到那个又做那个。

比如整理房间，本来在扫地的，走到床边，看到被子没整理好，那就先整理被子，整理到一半，看到有玩偶在床上，就把它放到玩偶堆了，这时看到玩偶堆是乱的，那就收拾收拾吧……一圈下来，忘了自己最先要做的是什么，最后什么都没做成，这样的"混乱"到了工作岗位上，必然让我很辛苦。

不断练习正念，让我发现了"一次只做一件事"所带来的巨大改变：它让我更能集中注意力在所做的事上！这个简单的练习大大提高了工作效率，做起事来也更加愉快。当然，一旦觉察溜走或疏于练习，旧毛病就会冒出来。此时，我也可以选择接纳自己做得没那么好，包括自己做事的拖延。

正念接纳让我安于当下，专注当下事，身心愉悦。

这些并非大事，然而，正是这些点滴小事，让我觉得生活没那么糟糕，依然处处是乐趣。每每困难时，正念总是能帮助我，即便是简单地关注呼吸，也会让我轻松许多。

正念使我悄然改变着。

近来，我开始在课堂上运用正念，将正念带给孩子们，愿他们也能从中受益。

感恩与正念的相遇，这的确改变了我，让我更加坚信正念在教育中的力量和价值，我也将继续前行在正念教育之路上。

正念练习：
教师通往幸福彼岸的彩虹桥

陈美丹

什么是幸福？每个人都有自己的答案，因为每个人对幸福的理解都不相同。但有个共同点，那就是当我们的需求得到满足时，那瞬间产生的就是一种幸福的体验。而正念的作用就是帮助我们去有意识地觉察那个当下，拾掇一颗颗令人心神宁静、内在自由和灵动的珍珠，串成美丽的项链，让这种幸福看得见、听得到且能用心感受到。在遇见正念、修习正念和感恩正念的一路相随中，我和我的心理教师团队并肩学习，我们将此过程概括成了三个部分，且看我们走过的历程。

齐读正念书　借鉴他山石——阅读夯实理念

卡巴金教授所著的《多舛的生命》通过很多的案例阐明了正念的作用以及它的内涵：正念即有意识地、不带评判地对此时此刻的觉察。在初次接触正念的时候，很多老师只是对正念有一个字面上的了解，而随着我们持续共读以及阅读感想交流的不断深入，老师们对正念的理解也越来越清晰。

陈美丹，高级教师、国家二级心理咨询师、国内首批私人心理顾问、美国加州健康研究院（CIH）认证正念种子导师，"正念"的践行者和推广者，在其带领的教师成长团体和研修团体中主导开展教师觉察力提升项目。

阅读之前导读的内容，也让我们有针对性地加强了对阅读内容的理解。我们因共读而感受到了卡巴金教授的用心引领，感受到了心的连接与内在的平静，保持住了一颗平稳的心，以面对因工作和生活的改变而带来的冲击。这么一本厚厚的本书，我们在二十多天里便读完了，还开展了网络分享会。我们还以"关注专业成长与个人成长，做一名幸福的教育教学工作者"为主题开展了读书分享会。小洁老师分享了《"觉察—练习"，让一切皆有可能——读〈多舛的生命〉有感》。她从自身鲜活的例子入手诠释了如何避开"自动导航"模式进入正念生活，并分享了正念之于教师的意义：觉察自己的身体和心理，觉察职业倦怠的状况，觉察和学生的关系，带领学生开启正念生活。"过去已去，未来未来，唯一选择，活在当下"，遵从进行正念练习应具备以及做出的态度与承诺，即非评判、耐心、初心、信任、无争、接纳、放下、承诺、自律，是开启正念之旅，也是重新开始觉知生命之旅。许娜老师分享了《原来"你"也在这里——读〈多舛的生命〉有感》。她从解题开始全面介绍了这本书的内容，圈点了在研读与练习中遇见的困惑，分享了自己的收获：当你踏上自我发展、自我发现、自我疗愈以及与这全然灾难相处的旅程时，你所需要记住的就是在此时搁置你的评判，包括可能对某个想要的结果的强大执着，无论它多么的有价值、多么的吸引人和重要，只是承诺以一种自律的方式去练习，一如既往，觉察正在发生着什么。分享会后，还有教师结合自己的生活、学习经验及接触到的案例与分享者展开了思想碰撞。积极参与线上研修的教师们乐于学习、打开了渴望提升自己的心门。在这之后，我们还一起阅读了《正念：此刻是一枝花》《穿越抑郁的正念之道》《狂喜之后》等书，因共读而喜悦，感受着团体阅读带来的幸福。

共练正念术　体验身心感——练习加深感悟

体验练习容易，坚持练习难。生活中的琐事和工作中的任务会经常烦扰到对每日正式练习的执行。保持一份初心，对一个正念练习者来说尤其重要。每日正式练习会自发形成一种习惯，固定的时间和空间让自己能够静心练习，就像每日晨起需要刷牙一样，不需要考虑要不要，而是就这么去做了，不练习就会不舒服。所以，一旦成为习惯，它的动力是强大的。反观自己的正念正式练习，每日静坐十分钟左右，似乎是在和自己道声"早安"，感受自己的存在，不急于工作和准备早餐，而是先静静地待一会儿。团队采用微信打卡的形式进行互勉，给了个人分享练习体验的空间，方便我们更灵活地参与自身的练习。"参与正念练习之初，我也是以身体感觉为起点的。慢性病让自己觉察到需要和身体好好地做一个沟通。思想走得太快了，身体跟不上，所以得等一等，把飘远的念头放下了才好。偶尔会有疼痛，某个部位的紧张感一直在那里。曾经很想说，什么时候才能放松？但就在一次练习中，我觉察到自己刻意的放松也是一种紧张，还不如和这种疼痛共舞，陪伴它。奇妙的是，这么想着，那个部位便放松了。"一位老师如是说。我也特别喜欢慈心练习，这是一种对自我的关怀，在这个练习中感觉特别平静。身体就像我们灵魂的盔甲，需要善待它，而每天的慈心练习就是一个很好的感谢方式。

　　正念带给我的最大的启发就是平和与联结。练习快乐，快乐练习。慢下来看看生命中的美好，心中便会生出一枝花。2020年，我应团队邀请带领教师在线上进行了为期8周的正念体验，这对我不仅是一个挑战，也是一个深入进行正念练习的共研机会。原本以为这里我不能完成的任务，但大家用自己的行动给了我信心。经过8个周六晚上的连续练习，我们研习共同体已经更深更近地碰触到了正念。结业时大家依依不舍，有参与者分享练习体会，说："很开心能有一个完全属于自己的独处机会，正念喝水和正念吃葡萄干让我再一次感受到了平时生活的'快'和'自动模式'。我错失了很多观察细节和发现细节美好之处的机会，希望能够借助集体的力量养成正念生活的习惯，坚持每天正念练习，滋养内在的自己。感谢一起学习的小伙伴，感谢带领我们学习的老师，感恩！""感谢老师，让我们一群人走在正念的路上。一星期一感想，既是总结，又是对下星期练习的激励。

可能一星期所得并不太多，一星期也不会改变人生，但一星期的微小改变，却能离正念更近。我们正走在路上。""每次练习之后都感觉神清气爽。之前感觉自己的生活平淡无奇得不值得提起，但是通过聆听伙伴们的分享，我感受到了生活的丰富多彩。我要更加正念地生活，未经'凝视'的生活是毫无意义的。老师的指导语总是深入人心：此刻，你的身体就在这里。让我感受到稳稳的安然不动的感觉。正念说与听极大地打开了我的思路，她们看见的我，比我看见的我还要多。"

同省正念行　品悟人生事——实践触动反省

　　我练习正念的初心是为了从容应对青春期的孩子，希望在自己学习后教给孩子，让孩子能更专注于学习、提高情绪调节能力。但是近三年的正念学习和实践却让我真正明白，正念对于我的影响不是怎么改变孩子，而是去接纳孩子和自己，让一切如其所是地呈现。

　　要想改变孩子，先要改变自己，尤其是在亲子沟通上。比如在孩子迎接中考的时候，很多家长反映孩子的脾气特别暴躁，我的孩子也有这个问题。过去的"停课不停学"让孩子容易产生烦躁的情绪。若是没有正念练习，让我能够及时觉察到自己的念头、身体、情绪的变化，用正念的七种态度好好地照顾自己，估计在这期间会有无数次的亲子冲突。正念练习给了我一个短暂的自我觉察空间，随着呼吸，平静自然到来，我也因此能够看到孩子的需求与渴望。这也正是很多教师持续跟随团队一起练习的原因。正念支持他们不再卷入情绪和念头的漩涡里，能在师生相处、与家人的互动中寻到平衡点。将正念运用于工作和生活中，真实地感受生活中的悲欢离合，体验生活中的七彩斑斓，纵使有不愉悦情绪、有不如意的事情来临，这颗正念的心也会随之而丰富、宽广。

　　阅读—练习—实践需循环反复，如此才能不断深化正念的学习，而每日进行正念的正式练习和生活练习是其中最重要的部分。正因如此，我们才更具充实感、价值感、安全感。"不迎不拒、不留不送"，一切安好。

当生活中有正念

孙　芸

初识正念，洗碗新体验

作为一名正念初学者，我通过不断地实践练习，逐步加深了对正念的认识和理解。

我对正念最初的了解来自《正念的奇迹》这一本书，书中这样写道："洗碗的方法有两种，第一种是为了把碗洗干净而洗碗，第二种是为了洗碗而洗碗。如果洗碗时我们只想着接下来要喝的那一杯茶，并因此急急忙忙地把碗洗完，就好像它们很令人厌恶似的，那么我们就不是为了洗碗而洗碗。"

当时我就想："原来我洗碗都是在用第一种方法呀。"原本我认为洗碗是我的任务，赶紧把碗洗好，并且一边洗碗一边计划事情，碗多的时候还会加快清洗速度，厨房里一片忙碌。看了这本书后，我尝试用第二种方法洗碗，洗碗时，感受水流从指间流淌而过，双手与碗的接触，用布慢慢地将每一只碗都洗拭干净，一只只碗被轻轻地叠放起来，之前洗碗的忙碌感不再出现，洗碗倒成了身心放松的事了，我感觉到"当下，我正在洗碗"。

在生活中，开始尽量让自己一次只做一件事，做这件事的时候，身与心同在。

孙芸，杭州市文晖中学教师，从 2017 年开始接触正念，正念生活与教育践行者。

学习正念，从呼吸开始

自从参加了浙师大的正念系统培训，我对正念便有了更深刻的体悟。

开始做正念呼吸时，不出一会儿我就会走神，注意力会不知不觉地游离，想着别的事。忽然意识到自己走神了，心里会"咯噔"一下，带着一点点责备地对自己说："哎呀，怎么走神了，快回来！"我赶紧把注意力拉回到对呼吸的觉察上。正念师告诉我们，每当心智游移时，不要担忧，不要责怪自己，只需将注意力慢慢地带回到呼吸上面。带着这样一种"允许走神"的态度，我继续练习。

这每一个回神的瞬间，便是正念的时刻。这"温柔"回神的瞬间，我感受到了一种"允许"的态度，这种"允许"是开放地接纳。

其间，我发现有些身体感受、情绪或者念头一直纠缠着我，挥之不去，我的注意力一直被它们吸引。比如，在练习中我的肩膀会有一种发胀的感觉，并带有些许疼痛，这种胀疼感让我很难受。我想消除这种不适感，急于"推开"它，但是身体中反而出现了一股新的力量，使得胀疼感更加强烈，同时我感受到了一些急躁的情绪。后来，我就尽量"不理睬"它，这时身体的不适感有些许减弱，但是我觉察到自己对它带着一点躲避。我感觉自己好像是在关一扇大门，试图将这胀疼感拒之门外，但是它还是会不断地来敲门。

卡巴金说："只观察身心中发现的一切，只承认它们的存在，不对其横加指责，亦不对之孜孜以求。"于是，我将这种不带个人偏见、如实接纳一切体验的态度带到正念呼吸中。我尝试去靠近这种胀疼感，允许它的存在。我感觉自己好像是把关着的大门打开了，我打算面对这种感觉。

好像是第一次与它相遇，我以不带个人喜好或厌恶的好奇的眼光看着它，允许它自由游移。我感受到胀疼感忽而强烈一些，忽而微弱一些。我放下了想消除它时产生的那种咬牙切齿的抵抗情绪，也没有了想回避它时产生的厌恶情绪。之前我带着自己的负面情绪来对待这种不适感，现在我放下这种带着好恶的评判，就让这单纯的身体感觉来来去去，它对我的干扰反而减弱了很多。我的注意力回到了对呼吸的觉察上。肩膀的不适感依旧存在，但是我对它的反应不一样了，我对它不再厌恶，这种身体的不适感甚至有时会不知不觉地消融了。

践行正念，将觉察融入生活

"专注工作，保持警觉和清醒，准备好应对任何可能发生的状况，随机应变。这就是正念。"

正念的实践慢慢地融入我的日常生活之中，自己说话语速开始减慢，并且少了很多评判性的言语。以前，我总会习惯性地打断别人说话，现在我会耐心地倾听。慢慢听，慢慢说，让我更理解到对方，不会因为自己的偏见和情绪，而造成彼此的误会。出现不同的意见时，我也开始愿意先听对方讲述他的看法，即便意见不同也会耐心去聆听，我也会平和地表达自己的看法。

在平常，我也会自然而然地想到正念行走、正念开车、正念刷牙洗脸、正念洗碗、排队时觉察呼吸，我觉得我对身体、情绪、想法的觉察能力有了一些提升。当我把注意力集中在正在做的单一的事情上时，体会到的是全身心地处于当下时刻往往会产生一种内心的平和。尤其是正念开车的时候，我觉得车子开得特别稳，几乎不会出现急刹车的情况。因为我的注意力都集中在开车这件事上，其中有一半注意力放在对负责踩刹车踏板、油门踏板的右脚和负责把握方向盘的双手的觉察上，另一半注意力放在对路况的观察上，心里只有开车这一件事情，所以我对当下时刻的路况非常清楚，哪怕前方的车子忘打转向灯，我都可以预料到它马上要转入我所在的车道了。有时候急着赶路，我也是稳稳地正念开车，车速也许有加快，但是心是安定的。

我尽量专注地只做一件事，这件事做好再做另一件事。正念进入生活，让我更加的从容。

丰子恺先生说过："心小了，所有的小事就大了；心大了，所有的大事都小了。"正念中的接纳让我更平和，视角更宽广，生活中多了对自己的关爱和对他人的体谅，少了很多的"大惊小怪"，这份平和的基调也使得我在一些突发事件上更能应对自如。事情再紧急，我都能清晰感受到自身的呼吸节奏……在觉察到自己呼吸急促身体反应的那一瞬间，我的脑海中会闪出一个念头："我在着急，我在生气"，这个念头闪过之后，我似乎会镇定一些，再做几个深呼吸，我就会从六神无主的状态中缓过神来，清醒很多。

我也更能接纳生活中不顺心的事，我不会纠结于问自己："为什么不如我意？""为什么他／她这么做？"我接纳事情现在的样子，接纳自己的所有情绪，这种接纳带给了我更多的力量来面对现况。

正念的练习给我带来了更多的积极心态，让我体验到了更自在洒脱的生活，正所谓"放下过去，过好当下，不畏将来"。我感到我已更加爱自己、爱他人，能够更多地"做自己"。

正念减压在考前心理辅导中的运用

吕慧艺

将正念减压的方法运用到考前学生的心理辅导中,帮助他们更好地改善考试焦虑带来的复习低效率、身心疲惫、焦虑恐慌、精神萎靡的状态,从而帮助他们静下心来,专注地复习,考出理想的成绩。

正念减压能够有效地帮助考生的原理

卡巴金教授的临床实践表明,通过正念练习人们不仅可以减轻压力和焦虑,还可以改善抑郁状态,减轻生理疼痛,提升睡眠质量,塑造积极心态,提升专注能力,促进自我调整,改进自我管理,提升创新能力,提升情绪管理能力与情商,促进积极有效的沟通,建立与自我及他人的健康关系。

正念是以一种特定的方式使用注意,即有意识地觉察、活在当下及不做评判。通过自我觉察,人能够发现自己是因为陷入头脑的故事中才会不断地感到紧张、焦虑,不断地产生评判、喜恶,不自觉地和念头缠绕在一起,越缠绕越迷失,焦虑的情绪像滚雪球一样越滚越大,导致更多的有心

吕慧艺,高中专职心理健康教育教师,从业 16 年。高级教师、国家二级心理咨询师、国际催眠疗愈师、沙盘游戏治疗师、浙江省心理健康教育 A 证教师、嘉兴市心理学科基地专家组成员。

无力,在迷雾中苦苦挣扎,白白浪费能量。而觉察就像一束光,照亮无名的黑暗,帮助考生回到当下,头脑变得安静,从而进行积极思考。

打个比方:"念"字和"怒"字的下半部分,都是一个"心"字,只是上半部分不同。如果日常丧失正念,我们就会做"心"的奴隶,而正念恰恰是让我们的"心"解放的方式。

考生考前焦虑情况的表现及应对方法

在多年与高三学生的接触中,我发现考前焦虑的情况相当普遍。很多考生压力大,无法集中注意力,总是有很多的担忧和害怕,以至于不能有效地完成复习,学习效率低下;还有一些学生精神萎靡,整日陷在消沉的状态中,不但严重地影响学业考试,还会伤害身心健康。所以,需要为学生们提供一些有效的方法和策略,帮助他们度过这段艰难而又充满挑战的考前时光。

基于正念减压设计的心理辅导方案,通过培育正念来帮助那些非常焦虑、压力大的学生,帮助他们运用自己内在的身心力量,为自己的高考复习做一些更积极的事,更专注、更有效率地学习,从而考出理想的成绩。

正念减压在考前心理辅导上的具体运用

在对考生进行的心理辅导中,正念减压的运用可以体现在两个方面,一是利用考前心理辅导课,带领学生进行正念减压的练习来帮助学生减轻压力和焦虑,提升正念,进而提高学习效率;二是将正念减压运用到个别心理辅导中。

正念减压在心理团辅课上的运用

根据正念减压的基本原理,我设计了共计 8 周的考前心理辅导课,对应的主题分别为:认识你的自动导航系统、维持对身体的觉照、迷宫里的老鼠、心是造谣的能手、面对与放下、沉溺过去或活在当下、你有多久没跳舞了、活出不羁无憾的人生。

正念的7种态度也贯穿其中：不对自己的情绪、想法、病痛等身心现象作价值判断，只是纯粹地觉察它们；对自己当下的各种身心状况保持耐心，与它们和平共处；常葆初学者之心，愿意以赤子之心面对每一个身心事件；信任自己、相信自己的智慧与能力；不奋力强求想要达成的目的，只是无为地觉察当下发生的一切身心现象；接受现状，愿意如实地观照当下自己的身心现象；放下种种好恶，只是分分秒秒地觉察当下发生的身心事件。

为了适应高中生的课堂教学环境，课程选择了一些易于操作的正念练习，如：葡萄干练习，十指感恩练习，正念伸展，观呼吸与身体，观声音与念头，呼吸练习，左右交替呼吸法，三分钟呼吸空间等。

当在课堂上进行葡萄干练习时，高中生们这样说：

"从来没有这样吃过葡萄干，以前都是一把一把地吃下去的；现在，觉得只这一个就吃出了从未有过的味道。"

"太艰难了，太漫长了！整个过程很是煎熬。"

"葡萄干吃起来比以前的味道浓厚多了。"

"原来根本没有注意到吃葡萄干有这么多的身体反应。"

正念呼吸练习时，高中生们这样说：

"感觉更轻松了，更舒服了。"

"想要睡觉了。"

"感到自己的心能够静下来了。"

"能感到进气的时候是凉凉的。嗯，这个感觉真是太棒了！"

正念不应该只是停留在课堂上，而是要延伸到生活中。让每一天的学习和生活都沉浸在正念之中，只有这样才能更好地帮助学生们发挥正念的力量，平复心中的焦虑与烦躁情绪，从而更好地展开复习。为了通过不同的形式和途径帮助学生们回归到当下，更好地和自己在一起，活在此时此地，我为他们布置了课后的"作业"：每天睡前练习呼吸，可以是左右交替呼吸法，可以是三分钟呼吸空间，让头脑安静下来，便于入睡；每天上午或者课间做正念伸展，帮助身体更好地放松休息；每天吃饭时、走路时保持正念……

正念在个体心理辅导中的运用

对于一些具有严重的心理问题的学生，需要提供单独的正念辅导。他们的恐惧感往往特别强烈，头脑当中有很多"考不上可怎么办"的念头和画面，让自己深陷考不上的想象中，并将此想象当真，惶恐不安。整个人几乎要崩溃，严重影响睡眠和饮食，上课也听不进去。比如一位高考复读生小叶(化名)，因为有过一次高考落榜的经历，加上想要考上好大学的迫切愿望，以及家人的殷切期待，压力巨大。

小叶来咨询的时候离高考还剩下 18 天，对自己有些心灰意冷，但又不甘心。他脸色苍白，说话有气无力，高高的个子弯着的背，愁眉不展，唉声叹气，说到高考若是再考不上……声音就开始哽咽了。针对小叶的情况，他最需要的就是静下心来，看到自己的优势资源，然后找回自信，连接到内心的力量。

小叶有很多的自我评判，而他对这些评判不假思索地信以为真，所以陷在了头脑的故事里，认为自己糟糕透了，而正念的有意识觉察能够很好地帮助他看到念头只是念头，看到它们，接受它们的出现，不去与念头互动，这样各种评判就再也不能控制他了。通过做正念呼吸练习，去感受身体，感受气息，跟随气息，感受身体回到当下，回到此时此刻。这样，内心就平静下来，头脑也变得平静了。接下来，寻找正向资源，去找那些能够帮助他在高考中超常发挥的资源。回归中心后，他开始摆脱负面思维的局限，在正念中发现了自己的很多优势，当他重新发现这些优势后，就对自己开始有了信心，流失的能量又回到了他的身上。

正念减压在考前辅导中取得的成效

通过正念的练习，很多学生改善了焦虑不安和紧张烦躁的情绪。随着内心空间的变大，专注学习的时间自然也就变多了，还有一些学生也改善了睡眠质量，整体的状态有了很大的进步。

记得小叶刚来咨询的时候，他讲述了自己三次模拟考试的成绩，第一次考试过了本科线，第二次比第一次提升了 20 分，但是到了第三次模拟考时，却比第二次的成绩下降了 50 分，所以他才惶恐不安地来找我。后来在短短的 18 天里，通过正念减压练习，他有了很大改变，后来更是如愿地考上了梦寐以求的一本院校，高考成绩超过了他以往任何一次模拟考的成绩，属于超常发挥。

其实像小叶这样受益于正念练习的学生还有很多，他们起先有着严重的考试焦虑情绪，但在正念练习的帮助下，都找回了内心的平静、信心、力量和勇气。

总之，正念减压真是太适合用于考前心理辅导了。

正念对职业技能比赛选手心理训练的作用和启示

李 婷

　　以正念为基础的心理减压调节方法，已在国内外教育、医疗、体育等领域得到广泛应用，并获得了实证研究支持。随着我国职业技能比赛日益受到重视，对高水平选手心理素质的要求也更高。本文通过一则技工学校学生的案例，探讨正念训练作为一种心理训练方法，在促进职业技能比赛选手保持心理稳定，提升比赛水平中的价值。

正念与心理训练

　　按照正念减压创始人卡巴金的定义，正念意味着以一种特殊的方式来集中注意力：有意识地、不予评判地专注当下。练习正念可以让练习者的身体得到更好的放松，内心更加平静，生活和工作得到更好的平衡。在我国越来越受到重视的职业技能比赛，其竞争激烈程度不逊于体育界的重大赛事。选手在高水平的职业技能比赛中，不仅要消耗大量的体力，也要消耗大量的心理能量。任何竞技选手的成功都是技术、身体与心理技能综合表

李婷，心理学硕士，国家二级心理咨询师，职业学校专职心理教师，从事心理健康教育和职业技能比赛选手的心理训练工作。2018年因偶然机会接触正念，后尝试把正念融入生活和工作中，获益匪浅。

现的结果。只有将专项技术训练和心理训练有机结合才能使选手表现出理想的竞技状态。因此选手的心理训练是技能比赛训练体系中不可缺少的部分。正念练习被国内外学者多次运用于比赛选手的竞技状态调整中，随着其有效性得到了越来越多研究的证明，它正在逐渐成为主流的心理训练与调控方法。

正念在技能比赛心理训练中的应用案例

男生L，19周岁，某技工学校学生，两年前进训练队，开始技能比赛训练。指导老师评价其专业能力较强，对理论知识领悟较快，但自信心有待提高。L之前分别参加过市级、省级技能比赛，以及一次国家级选拔赛。在第一次国家级选拔赛前L出现焦虑情绪，比赛中出现失误，导致其没有发挥出正常水平。虽然最终顺利入选国家队，但L对自己的比赛成绩并不满意。他赛后情绪低落，训练时兴致不高，曾对指导老师提出想退出训练队、回原班级上课。指导老师建议其来咨询室进行心理咨询。在了解了L的大致情况后，心理辅导老师同其商讨，根据他目前的需求，确定了以正念为主要练习方式，以改善情绪和认知、提升自信心为主要目标的心理训练计划。

（1）第一阶段，正念心理教育阶段。第一阶段的心理训练目标之一是帮助L缓解压力，释放赛后产生的一些负面情绪，以及了解和掌握正念的基础知识。在心理辅导老师的指导下，L体验了两个简单的正念练习，一个是正念呼吸，另一个是身体扫描，并按照老师布置的作业，在接下来的一周，每天坚持练习，记下自己的感触。一周后，L坦言正念对自己似乎没什么作用。他说在练习的过程中，还是忍不住会去想自己比赛失利的事情，尽管他尝试把注意力重新带到呼吸或是身体上来，但过一会又会忍不住去想乱七八糟的事情。心理辅导老师表扬他能够坚持完成练习，并鼓励他，许多人一开始都会有这样的感受，感觉到注意力总是会分散，这正是更需要坚持练习的原因，付出更多的耐心和自我接纳，变化才会慢慢出现。在此阶段，心理辅导老师给L讲述了正念的具体含义和作用机制，介绍了它在医学、教育、体育等各个领域的应用情况，并提到了将正念运用到比赛领域最成功的案例，即NBA传奇教练菲尔·杰克逊认为，正念训练是他带领NBA球员获得11次NBA总冠军的关键原因，进一步强化L对正念练习的认识和信心。

（2）第二阶段，正念技能训练阶段。经过第一阶段的练习和关于正念的心理教育后，L的赛后消极情绪得到了缓解，对正念有了初步的认识和信心，愿意继续练习正念，期望正念能够给自己带来改变。正念被归结为一个自我调节的机制，在竞技选手发挥卓越表现和应对逆境中起到很大作用，包括注意力调节和情绪调节。相关研究者在整合了认知神经、行为和自我报告等方面的研究之后，将正念调节机制归纳为四个主要面向：注意调节、身体感知、情绪调节以及对自我看法的改变。根据正念调节机制的四个面向、技能比赛对选手心理技能的要求，以及L个人需要解决的问题，心理辅导老师指导L开始了以下针对性的正念练习：

表5 针对性正念练习

主题		现状	目标	正念练习
行为上的正念训练	第一周：注意调节	受到干扰时，不能将注意力集中在当前训练或比赛上。	学会有意识地不加任何评判的注意平常很少注意的事物；当注意力产生游离时能将注意力带回至当前任务。	正念呼吸 正念饮食
	第二周：情绪调节	想到上次比赛，仍然会有些沮丧。在训练时情绪比较低落。	觉察到消极想法和不良情绪体验，承认它们的存在，与当下的不愉快体验共处。	正念观情绪练习
	第三周：身体感知	压力大时，身体紧绷，难以平静放松。	关注身体的感觉，保持对不同状态下身体变化的觉知，体会身体从紧张到放松的转变。	身体扫描 正念行走

续表

主题		现状	目标	正念练习
认知上的觉悟训练	第四周：对自我的看法	没信心，否定自己，纠结于自己做不好的事情。	辨识出自己的负面思维，把想法看作想法本身，接纳自己的不足，对自己的优势保持自信。	正念静坐
	第五周：对比赛的看法	过于重视结果，认为结果代表着个人全部能力。	不评判，不过度反应，把关注点放在训练和比赛过程上。	正念观想法练习

此阶段的目标是让L掌握具体的正念练习技巧，但更重要的是让L能时刻将注意力集中到当下，回归本质，不做评判，让其能辩证、积极地看待问题，借用正念的理念完成对自身、对比赛看法的转变。在正念技能练习的这个阶段，尽管L经历了曲折的过程，但最终坚持了下来。L跟心理辅导老师分享了他的练习感触：首先是对自己的看法有了改变。过去总会因为一件事情做不好，就片面地否定自己的全部，陷入负面情绪中一时出不来。在这段时间的练习过程中，不断把注意力放在当下，发现自己其实也有很多长处，比如理论知识扎实，技术方面也能一点就通，经常被老师称赞悟性不错。当认识到自己的一些负面想法并不是事实，只是片面化、极端化的一些感受时，自己的心态有了积极的转变。其次是通过不同形式的正念练习，感受到了回归当下给自己带来的益处，得以重拾对注意力的控制，全身心投入训练任务中。即使注意力被打扰，也能利用正念的方法将注意力带回自己所从事的当下任务。因为能够专注于训练，技术进步较快，自信心有了明显提高，情绪调节能力也因此得到了改善。最后利用正念挣脱关注点都放在比赛结果上这一习惯性思维的束缚，把关注点转移到训练和比赛过程上。遇到不顺利的训练或比赛情况，尝试轻轻放下、把握当下、不过度思考、不过度担忧。在心理上给自己提供能进能出的顺畅通道，有效避免消极思维的扩散蔓延。

（3）第三阶段，将正念融入日常生活和训练。该阶段要求训练者活在当下、专心致志，把直接、开放的意识带到所从事的任何事件上，秉持不评判的态度，保持对自身、生活事件和外界环境的觉察，这些也是一个高水平技能比赛选手所必备的品质。虽然L在一个多月的正念技能训练中产生了不小的改变，对正念训练也已经有了一个整体上的认识，但是深刻而持久的改变，需要持续反复地练习和反思。因此在对第二阶段的正念技能训练进行回顾和总结后，辅导老师鼓励L在日常生活和训练中继续练习正念，并跟他约定了以下几点：第一，每天都要完成一些练习，即使只有几分钟的时间；第二，把练习看作滋养自我的途径，而不是一项枯燥的任务；第三，可以与训练项目相结合，带着正念去训练或做其他事；第四，重温做过的正念练习，定期回顾和反思。

L的正念技能训练已经暂告一段落，他在正念练习过程中逐渐形成了关于训练和比赛的七字要点：专注、自信、不纠结。专注指在比赛和训练中专注于技能动作，而非其他。自信指对自己的能力有信心，相信自己能完成训练和比赛任务。不纠结指保持情绪平稳，遇到挫折能轻轻放过，不评判不消耗自己。对于即将到来的第二次国家级选拔赛，L坦言心态比过去平和了很多，不再去纠结比赛结果可能会怎样，而是在训练时专注于提高自己的技术能力，比赛时专注于把自己的真实水平发挥出来。如果L能将正念的理念和态度融入训练和生活中，在各项具体活动中不断练习正念，相信他能够从正念中持久地获益。

正念对技能比赛心理训练的启示和价值

通过以上正念在技能比赛心理训练中的应用案例，以及相关研究的实证支持，证明了正念训练在职业技能比赛中具有较大的实践价值，为今后在职业技能比赛中开展系统性的正念训练提供了可行性依据。

（1）正念训练能提高选手的注意力。注意力是指能计划好复杂的工作，有目的且持续地完成。在整个技能比赛过程中保持注意力集中通常是获胜的关键。特别是在较高级别的技能大赛，如世界技能大赛中，赛程往往持续数小时或几天，如果选手的注意力难以集中，可能影响整体表现和结果。

从操作性定义上来看，训练注意力是正念训练的重要面向。它强调对当前经验的觉知，其开始阶段主要的练习方式是将注意力集中在特定对象上。因此可以使用正念练习来提升技能比赛选手的注意力，帮他们保持对当前比赛任务的专注，排除观众、裁判和环境等外在条件的干扰，同时也能抵御自己的情绪、思维造成的内部干扰。

（2）正念训练能提高选手对消极思维的应对能力。选手在高水平的比赛中要面对巨大的压力，此时心态很可能会发生改变，对比赛结果产生担忧和恐惧，导致消极思维出现，直接影响到选手最后的竞技表现。根据以往研究和实践，面对逆境和挫折或情绪起伏的时候，高正念水平的选手能够不去对这些刺激进行评判和反应，反而能够减除之前固有的情绪反应模式带来的负面影响；当选手能够不以自我为中心来觉知当下的训练和比赛，而从"无我"的角度来客观地觉知持续变化的事物时，便能从比赛时的胜负概念中解脱出来。

（3）正念训练能改善选手的情绪调节能力。在技能训练的后期阶段，选手容易因外部与内部刺激的交互作用而压力增大，信心不足，产生焦虑，影响其训练效率；在技能比赛期间，选手的负面情绪状态往往会导致其技能水平难以正常发挥。个体的情绪状态和情绪调节能力紧密相关，正念训练对于科学调节选手在大赛前产生的焦虑和担忧情绪具有重要作用。在日常生活和训练中，持续进行正念练习，通过强化个体的积极情绪体验、不沉溺于消极情绪体验，不仅能提高主观幸福感和生活质量水平，也能让正念固化为一种心理特质，成为有效提高情绪调节能力的手段。

（4）正念训练提高选手训练或比赛的"心流"状态。人在从事某项活动或任务时，身体各组织器官发挥出最大潜能时所表现出的心理状态称为"心流"状态。个体处于该状态时，能感受到平和轻松，忘却自我，全身心投入任务中，感受到对技术的控制，能理解当前任务的内在乐趣。研究发现，"心流"的出现与较好的比赛成绩有关。高正念水平的选手在挑战技能平衡、动作和意识融合、目标清晰程度、注意力集中程度等维度上的表现显著优于低正念水平的运动员。因为正念与"心流"状态相互契合，正念水平高的选手，在比赛时能够做到全神贯注、想法与技术同步，能感受到比赛过程十分顺畅，心中所想的几乎都是与技能发挥相关的细节，自觉排除和比赛无关的事情的干扰，这正说明其处于"心流"状态之中。

对技能竞赛领域开展正念训练的反思

正念训练能显著提高比赛选手维持有效注意和抗干扰的能力，改善负性情绪，增强积极情绪，进而维护选手个体身心健康水平和提高竞技质量，这些的确能够为竞技比赛的心理训练提供合理有效的理念和方法。但要想在技能竞赛领域开展正念训练，使其真正成为有价值的心理训练与调控方法，仍然需要一个长期探索的过程。首先，正念训练目前在体育竞赛领域应用较为广泛，而在职业技能竞赛领域，尚无系统训练的经验可参考，如何发展出适合职业技能比赛选手的正念训练项目还需要做出进一步的探索。其次，正念训练的部分形式容易让一些教练和选手带有先入为主的误解，这可能导致他们在接受上有一定障碍。因此在心理训练中实施正念练习，要先做好关于正念的心理教育，在教练和选手自愿的情况下，对正念有科学和整体的认识，只有这样才可能取得理想的效果。最后，技能心理训练中的正念练习需要个性化地实施，既需要考虑选手的个性特质，也需要考虑不同技能项目对选手心理技能的要求。这就对心理辅导老师的正念专业能力提出了较高要求，需要其在熟悉选手的情况下，根据不同技能项目的特点，灵活选择和运用不同的正念练习，促使选手将正念融入生活和训练当中。

正念养育　遇见幸福

朱春燕

"是什么改变了我糟糕的生活？那就是正念。正念让我不再那么焦虑、郁闷，它就像一盏明灯，点亮了我的生活。"

作为一个妈妈，我每天忙得像个陀螺，工作的压力、育儿的焦虑、生活的琐事早已让我身心疲惫。尽管如此，身边"别人家的孩子"仍比比皆是，总觉得别人把孩子教育得更好，我自己的教育状况却很糟糕。在我的生活一片狼藉，内心千疮百孔，自己无所适从之际，正念，就像一盏明灯，点亮了我的内心。

值得庆幸的是，正念之灯其实不在别处，而是一直在我们的内心里，等待着被发现、被激活。正念意味着以一种特殊的方式集中注意力：有意识地、不予评判地专注当下。这种专注使我对当下的现实更自觉、更清明、更接纳。正念让我清楚地看到了生命中所发生的一切。

妈妈专属正念时刻：每天5分钟

生活中的我每天总有忙不完的事情，完全没有属于自己的时间。我很想享受和儿子在一起的时光，奈何我总是会朝他发飙。就算我在陪儿子，

朱春燕，任职于海宁市鹃湖学校，低段数学教师兼班主任，于2019年11月开始接触正念练习。

脑袋里想的却是那些没有做完的事，焦虑得像热锅上的小蚂蚁。久而久之，越发觉得自己特别差劲，连一点点小事都处理不好，从而产生了更多负疚感。

然而，在我接触正念并开始每天5分钟的正念练习后，变化悄然而至。在有压力的情况下，更多时候我能控制自己的情绪，不再习惯性地做出被动和不理智的反应。当和儿子相处的过程中有矛盾时，我会通过做几次深呼吸放松自己，从而缓和冲突。生活中我时不时会提醒自己面带微笑，进而更多地感受到喜悦。带着感恩的心和家人相处，发现生活更和谐了。

向自己做出早起的承诺，不用比平时早起一小时，试着早起半小时或15分钟，哪怕每天清晨早起5分钟时间静坐一会儿也是非常宝贵的。坐下来，静观时间一点点流逝，除了保持清醒之外，其他什么都不做，不去思考将要做的事情，只充分感受当下。坐得像一座山，以呼吸为锚，将自己的注意力固定在当下。吸气，深深地吸入，呼气，缓缓地呼出。通过一次又一次的呼吸，将每一个觉醒的时刻连接起来。当然，在练习中我的思绪会不断随心灵之"风"四处飘飞，而到了某个临界点，锚就会拉紧，将思绪拉回来。这种事经常发生，每当注意力分散时，我只要温柔地把它拉回来，重新集中到呼吸上即可。

正念练习看上去很简单，但需要我们持久练习，因为那些阻碍我们觉醒的惯性非常强大，强大到完全不为我们所觉察。

退出"自动导航模式"：关注当下

平常看朋友圈的时候我经常会羡慕别人会生活：儿女教育成才，自己打扮精致，养花草，遛宠物。回头看看自己，一千个一万个不满意，假如生命可以重新来过……我迫切需要改变黯然失色、毫无生机的生活。此时，正念就如一道光照亮了我的生活，帮助我重塑生命。

一个正念老师举的违背正念的例子令我印象深刻："当我在吃晚饭时想着接下来要洗碗，当我在洗碗时又想着要检查孩子的作业，当我给孩子辅导作业时可能又想着接下来的一大堆家务……"这不就是平时的我吗？

"正念是一种有意的，对当下不加评判的觉察。"对照自己，原来我没有一刻是真正处于当下的，总感觉自己每天很累，总有忙不完的事，焦虑这、担心那，原来是没有安放好自己的心。如此说来，我实际上是处于"自动导航模式"生活状态的。在自动导航模式中，我们的心智被行动模式掌管，它在一个无需我们了解、赞同、谨慎选择的背景下自动运作。这种模式将我们与生活中积极的方面阻隔开来，我们会忽视生活中每个时刻所蕴含的丰富与完整性。行动模式下的思考，正是引发对抑郁、焦虑、担忧以及其他紧张崩溃状态的思维反刍情形的罪魁祸首。当一切看起来灰暗贫乏时，生活根本没有乐趣可言。正念练习让我醒悟，我不能简单地用意志的力量去阻止它，我需要觉察生命中当下所发生的一切。吃饭就吃饭，享受饭菜的喷香可口，不去想着接下来要做的事。给孩子辅导作业是一项大工程，如果想着接下来还要洗衣拖地，便很难保持良好情绪，所以才经常会出现亲子关系紧张的问题。当检查孩子作业时，让心专注于当下，看到孩子作业的问题时，耐心地讲解，把原来不会的教会了，这是多棒的体验！

正如卡巴金所说："生命只在刹那间展开，若无法与这些刹那同在，我们将错失生命中最宝贵的事物，而且会意识不到自身成长和蜕变中的丰富性和深邃性。"为此，我们要提醒自己去观察、感受、存在，并以此培养正念。在某些时刻，超越时光，保持觉察，关注此刻、当下。

积极有力的暂停：慢即是快

一个暑假的上午，儿子用完早餐窝在沙发里看手机，他每天都会在早餐后进行英语打卡，听力、阅读、配音，估计用时30分钟。我盯着时钟，已经8点25分了，他已用手机55分钟，显然已超时，按制订的暑期计划8点要做作业的，又一次没能按计划执行，又借着作业打卡玩手机，每天都要我催着做作业，做事总这样拖拉，作业又要来不及……当时，我身体的反应就是眉头紧锁，面部肌肉僵硬，呼吸紧促，心跳加速，感觉自己要炸毛了，一场暴风雨即将来临。

于是我变成了一位情绪失控的妈妈，厉声呵斥道："把手机给我，打卡需要那么久吗？我真受不了你，每天都要催！催！催！赶紧做作业去。"说完走上前，一把夺过手机。那时，我意识不到自己的想法、感觉和情绪，更没有意识到自己的行为、言语和举动，我的情绪完全被愤怒、焦虑所操控。儿子目光呆滞地看着我，显然知道自己犯错了，下一刻他便垂头丧气地回自己房间做作业了。虽然孩子乖乖做作业了，但我并不开心。在当下那一刻，我猛然觉察到了自己的错误，没有像往常那样追进房间继续炮轰儿子。我及时刹车了，尽管胸口依然堵得慌，我默默地回到自己的房间，这时候我需要正念休息。

我提醒自己把注意力集中在呼吸上，感受腹部的轻微升起与紧缩。就这样，尽我所能做了几次深呼吸，慢慢放松身体，把注意力集中在呼吸上，让自己沉浸在吸气和呼气的感觉中，并让它给予我支撑和力量。随着正念休息练习的增多，我发现最初并不明显的身体感觉、思想和情绪会变得越来越容易识别。有时仅仅是简单地观察和把它们说出来，就足以让我们有片刻的时间来调整自己，从而做出不同的反应。

虽然在这件事情上我没有立刻进行正念调节，但是我接纳自己的不完美，要知道正念练习是一生的，总有另一个机会就在转角处。

觉察每一个愉悦时刻：享受幸福

我用"感知三角"作为指导，每天有意识地留意一个亲子生活中的愉快时刻，及时记录在爱心便利贴上，并把它贴在儿子房间的成长树上。

正念觉察的对象包含身体感觉、思想、情绪三方面，感知三角是一个很有帮助的框架，使这个概念形象化。每一个方面可以看作三角形上的一个点，正念处于最中心。这三个点相互影响，就像我们的思想和身体彼此互相影响一样，当一种强烈的情绪被触发时，强烈的身体感觉和想法也会随之而来。如果我们有足够的意识力量去合理使用这种联动机制，那么我们的正念练习将受益匪浅。当我带着正念留意通常被我认为理所当然的事情，并从欣赏与感激的角度去体会时，我发现我们的亲子关系越来越和谐了。

早晨，我在阳台晾晒衣服，准备出门上兴趣班的儿子大声地向我打招呼："妈妈，再见！"当时我正忙着自己的事，没有把儿子送到门口，他在没有看见我的情况下还能跟我说再见，让我激动不已，内心更是充满喜悦。我轻松愉快地回应道："宝贝，祝你有美好的一天！"此时的我嘴角上扬，眼里饱含温柔，心想："儿子真有礼貌，他可是个有爱的阳光男孩。"我带着愉悦的心情开启了一天的美好生活。

是什么改变了我糟糕的生活，那就是——正念。正念让我不再那么焦虑、郁闷，它就像一盏明灯，点亮了我的生活。只要我在日常生活中继续带着觉察去练习，我就能慢慢地保持正念生活，就可以为生命创造出更多的奇迹。

我与正念

谢 伟

正念是什么呢？正念是只想正面的东西吗？有一天，我在一次课上听一位老师讲正念，他用了一个比喻，说身心就好比一瓶浑浊的苏打水，正念就是使苏打水沉静下来的过程。后来，在学习正念的过程中，我又了解了许多关于正念的比喻：念头就像天气，觉察就好像天气观察员；当你迷失在一个黑漆漆的房间里时，正念就好像烛光，让你知道自己在哪里；正念不是抵抗或否认，而是随着生活的波浪前进；正念就像手电筒的光，让你的注意力停留在当下……在学习、练习和领悟正念的过程中，我逐渐加深了对正念的理解。梳理下来发现，我与正念的关系经历了如下三个过程。

看山是山，看水是水

我系统地进行正念学习是从 2019 年 7 月接受浙江师范大学正念实验室组织的教师培训开始的。那次培训前，我身体不太舒服，胃胀气，头晕，一度考虑要取消参加培训。转念想到这次学习全程都是在健身垫上，实在吃不消就躺着呗，所以就坚持参加了培训。培训期间我与一位海宁的老师住一个房间，她已经是第二次参加这门正念课程了，对正念学习很上

谢伟，浙江省长兴中学心理辅导教师，中学高级教师，长兴县名师，2018 年开始接触正念，并在持续学习中。

心，每次上课分享，她都会积极发言。我在学习之余也会与她在校园周边散步，练习正念走路，早晨还用专门的时间进行正念练习。在课堂上跟着正念师进行正念练习、小组交流、心得分享，我也感觉特别自在，没有一丝丝的疲累。印象最深的是正念师带领的正念伸展，"不要突破极限，只要留意就好"，正念师当时的这句话对我触动比较大。我平时练习瑜伽时老师经常要求我们"要把动作做到极限"，可是正念老师告诉我们"不要突破极限"，多么的友善和慈悲啊。从正念师的理论讲解部分，我也了解到正念在压力应对、情绪调节、慢性病缓解等方面都能发挥很好的作用，正念健心健脑，而且这些效用都有翔实的循证研究支持，可见其科学性。那次培训对我触动最大、促使我日后对正念念念不忘的还有另一个原因：我感觉我的胃胀气、头晕等症状好像并没有因为几天的培训加重，反而有所好转！直至培训结束后的好多天，我都觉得神清气爽。这些症状曾经困扰了我那么久，正念真的有那么神奇吗？于是，我收藏了许多与正念有关的文章、视频、培训，买了好几本正念师推荐的正念书籍，准备精心研读，决定每天跟着正念音频进行练习。

看山不是山，看水不是水

结果是，没过多少天，这些症状还是出来了！我的正念练习也因为太忙而断断续续。但那次培训认识的舍友老师还是热情不减，她参加了在杭州福泉书院进行的 8 周正念学习，周周从海宁往返杭州，乐此不疲。在一次叙事治疗的学习课余，她用正念带领我们休息，已经有模有样了。她还在海宁建立了正念学习的社群，乐此不疲，在一次一日止语练习课上，她也在。她静坐的样子稳如磐石，精力充沛。奇怪的是，一日止语练习让我的"症状"再一次消失了，这是怎么回事呢？难道正念是需要一群人一起练习的吗？回家后，我又开始断断续续地练习，遇到了不少困难。有一次我突发奇想，决心把每次练习中的困难记录下来：总感觉身体不舒服，一会儿挠挠脸，一会儿挠挠颈，一会儿挠挠腿，坐着练习也总感觉背痛，一会直起背坐，一会儿靠在椅背上，腿也不舒服，一会儿盘腿，一会又把腿放下去，一会儿又跪坐。一开始，我选择关注呼吸，可是半天没找着呼吸，进而我选择了关注声音。我的左侧是对着窗户的，因此能感觉到各种声音从左耳传来，装修的声音、远处的蝉鸣、楼下小朋友的玩耍声、用铁锹铲泥土的声音、汽车的鸣笛声等，渐渐地，右耳也有声音传来。我的身体并不安定，似乎对这些声音感到有些烦躁，慢慢地开始挪动身体，感觉身体这里不适，那里不适，心里有一点点小火气：这个正念练习怎么这么久？什么时候才能结束？我不练了！……然后，我就出去走了走，倒了杯水，回来继续练习，后半段，思维经常游移。有时，坐着练习总是不舒服，我就选择躺着练习，可是躺着躺着就睡着了。舍友老师的正念练得那么好，我怎么就练不好呢？什么样的正念练习算是一个好的正念练习？在思考这两个问题时，我脑海中冒出了正念师讲的正念的态度：不评判、接纳。如果正念有好坏，那是不是也是一种评判？如果觉得别人练习得好，自己练习得不好，那是不是就是不接纳？那到底如何修习正念？正念的目标是什么？

看山还是山，看水还是水

铃木俊隆的《禅者的初心》中，引用了传统正念的4种"马理论"。上等的马光是看到鞭影，就知道主人要它跑得快或跑得慢，要它跑向左或跑向右。次等的马跟上等的马一样好，不同的是，要等到马鞭接触到皮肤表面才知道主人的心思。下等的马要等到感觉皮肉痛了才会跑，而最下等的马则非要等到痛入骨髓才会听话。各位可以想象这第4种马有多难调教。读到这段话，我们每个人几乎都想要成为上等的马。如果本身不是这块料的话，我们也希望至少成为次等的马。我想，这也是人们对这段话的宗旨的一般了解。如果你认为正念是为了让你成为上等马，你就会有大麻烦了，因为这并非对正念的正确理解。只要你是依照正确的方法练习的，那么你是良驹或劣马就都不重要。以正念里的慈悲而言，比起上等的那一种，它一定会对最下等的那一种有着更多的同情与接纳。

从 4 种"马理论"中，我感受到正念练习中的困难是有价值的，困难也许正是练习正念的意义所在。所以，铃木俊隆在书中写道：上等的马有时就是最下等的马，而最下等的马有时就是上等的马。正念无好坏的标准，练习就是了，一心一意地努力。舍友老师的练习很棒，我的练习也很独特。那么如何努力呢？后来，我又在线上参加了鲍勃·斯塔尔老师与扬·兰德里老师的 6 周正念工作坊，鲍勃老师给了应对正念练习困难的两个解药：其一是觉察。觉察本身就能将注意力带回，帮助我们从迷失中醒来。这种迷失就如同进入了一个漆黑的房间，而觉察就像点亮了一根蜡烛，透过蜡烛的光，我们知道了自己在哪里。当我们知道了自己在哪里，就更有可能采取智慧的行动。比如，我觉察到自己的肩部有些紧张，然后我就会去试着对肩部进行放松。觉察需要不断练习，因为我们太容易迷失在习惯性反应里。其二是好奇。充满好奇地探究，背后是一种对真相和真理的热爱。去探究到底是怎么回事，到底是什么情况。老师还讲到了将友善、慈悲的态度带入正念练习。鲍勃老师说他做了 45 年的正念练习，起先他对自己很严苛，总觉得别人都做得好而自己做得不够好。渐渐地，他领悟到严苛会让人神经质和不稳定，而友善的态度会让人更有自信和更具弹性。他花了二十多年的时间才领悟到友善的态度有多重要。所以，在感到困难的时候要保持觉察、好奇和友善。那么，正念有没有目标呢？敏锐的觉察力？情绪的稳定？内心的安宁？症状的缓解？如果把这些作为要达成的目标，似乎又违背正念本意了。我记得老师说的正念七态度里有一个是：非奋力追求。正念练习是无为的、非行动的，除了做你自己之外，没有别的目标。如此看来，觉察力提升、情绪稳定、内心安宁、症状缓解等，似乎只是正念练习过程的副产品。如此一来，我放松了好多。放下那份功利心，专注在当下就好，接纳一切如其所是。与此同时，我也意外地感受到了正念在生活中留下的痕迹。当与家人起争执时，我能够觉察到自己的情绪，与争执保持一定距离，这样我不会迷失在争执中；在教育孩子的时候，我时刻对自己的评判保持警觉。最让我受益的是，因为保持着那份初心，我对待任何事物都能保持开放的态度,即便是做了十几年的心理咨询,我也随时准备着去接受、去怀疑,并对所有的可能性敞开怀抱,让每次咨询都像是第一次。这些经验似乎也印证了一句话:在一件事上下了苦功夫,你会发现别的事情也开始逐渐地发生改变。

最后,我还想说说前面多次提到的那些"症状"。尽管它们还时不时会来,可是我对它们已经友善了很多,还得谢谢它们,因为它们,我结缘正念并努力修习正念。它们的消失或不消失已经不那么重要了,重要的是,在正念的生活中,爱己及人。

在高中心理健康课堂中实践正念

沈倩倩

正念是有意识觉察地活在当下而不做评判,而心理课堂教育作为一种精神性和导向性的行为,应该得到有意识地觉察和优化,将正念教育融入高中心理课堂是我探索和实践的初心。

在高中心理课堂推广正念教育的必要性浅析

(1)高中生的自我提升需求

我所在的学校每年都会对新生进行SCL-90(症状自评量表)普查,结果显示具有一般心理问题的学生人数在逐年增长。高中阶段是个体自我提升的重要时期,学生要面临情绪意识、学业压力、社会关系、决策合作等各方面的挑战。

(2)高中心理教师的辅导干预困境

随着学生心理问题的备受关注,心理老师们在社会高度期许下,面临着来自学生、家长和学校等方面的多维度压力:学生和家长希望心理老师能有更多时间进行个性化辅导和支持;学校在心理课时不一定保障的基础上要求心理老师做更多心理干预而非心理保健性质的"心理救援"工作。一

沈倩倩,中学专职心理教师,练习正念5年。设计的微课《正念行走》《正念:提升注意力》在国家中小学云平台、浙江省微课网发布,《正念练习,专注当下学习》获杭州市抗疫微课比赛一等奖。

位高中心理老师至少需要负责 500 名学生，甚至整个学校学生的心理工作。个别辅导的时间只能为少部分积极主动的学生服务，这远远无法满足学生和家长的需求。

（3）正念的适配性

正念是时时刻刻不带评判的觉察。正念有正式练习，也有非正式练习。正式练习包括正念呼吸、正念静坐、正念行走、身体扫描等；非正式练习是指将正念的七种态度（非评价、接纳、信任、耐性、无为、放下和初心）融入生活中，时时处处皆可进行的正念练习。

正念非常适用于高中生，其具有自助性和干预性，且高中生的认知水平足以进行正念练习和自我照顾。正念干预高中生心理的相关实证研究表明，正念训练可以提升学生幸福感和安全感，增强注意稳定性和学习自控力，改善学习焦虑、学习倦怠和负性情绪。

正念练习在心理课堂中的实践运用

正念心理课堂中不适宜开展过多的理论讲解，更适合结合心理课堂教学主题将正念练习融入丰富的活动中。根据正念练习的内容和特点，可将其分为正念课堂结构化练习、主题性正念体验练习和正念课后延伸练习。

（1）正念课堂结构化练习

在心理课前三分钟，我通过带领学生进行三分钟呼吸空间练习，帮助学生以平心静气的状态专注心理课堂，该活动在上一节是体育课或刚经历了学科测验等影响心绪的状况下效果尤为显著。

在心理课中，我运用正念态度开展针对学生的心理教学活动，教学过程中时刻保持开放和觉知的状态，从客观的角度去观察学生在各环节的情绪反馈，通过问答和分享环节了解学生的真实想法，如实地接纳学生的感受，能更深刻和更生动地关注到课堂中的积极事件和情绪，从而提升对课堂的清晰把控能力。

在心理课最后的分享感悟环节前进行正念静坐练习。正念静坐练习可协助学生梳理和强化自身在心理活动体验中的收获，使之能更清晰地进行分享表达，减少因其他同学的先表达而变动内心原有真实感受和想法的可能性。

（2）主题性正念体验练习

正念饮食

正念饮食练习可提升学生从视觉、听觉、味觉、触觉等方面感受物体的敏锐程度。我第一次将正念带进心理课是因为一场突发状况——教室电脑宕机，无法正常上课。所以我临时承接了上一个班剥橘子创作赛留下的橘子而开展了一节"正念品橘"心理课。

简单介绍正念概念后，我请每位学生尝试用第一次看见橘子的好奇眼光，调动视觉、听觉、嗅觉、味觉和触觉，细致观察和探究手中的橘子，仔细辨别橘子的颜色、形状、纹理、气味、触感和重量等。接着，慢慢剥开橘子和品尝橘子。在这个过程中请学生时刻注意自己五官接收到的新信息，觉察和接纳自己的思维和情绪变化。课堂中，我用简洁的语言进行引导，强调放慢动作和关注内外联动体验。最后，请学生在小组内分享交流正念品橘的体验和感受。课后语文老师告知，许多学生在文章中呈现了关于这节课的内容和体验，感悟良多。

后来，我多次带领学生在课堂上开展正念饮食，学生在趣味活动中积极体验了正念练习。新冠疫情防控期间，学校要求在进食过程中减少交流。学生在教室和食堂分批分隔就餐，面对有限的固定菜品，学生们就餐兴致大减，部分班级在心理委员和班主任的带领下进行了正念饮食三餐化，反馈良好。

正念散步

春季的校园生机盎然，于是我设计了"你好春天，正念行走"户外心理课。在简单介绍正念和活动规则后，请学生带着不评判的、温柔的态度去观察和感受校园的春天。学生各自散开，保持1米以上距离。在行走过程中互不交流，即使擦肩而过也不进行言语交流。带着好奇的心态去调动五官，耳朵倾听声音、眼睛观察、鼻子闻、手触摸，在体验 20 分钟后到银杏林集合，并选择和带回一件令他们有所触动的"东西"（石头、落叶、落花、树枝等）。按照到达的先后顺序，自由成组，相互分享散步的经历，讲述各自手里的"东西"是如何被选中的，以及和它相遇的故事。在课的最后，我带领学生在银杏林进行 3 分钟正念练习。课后作业是请学生在学习单上以四宫格朋友圈的图文形式记录自己课堂的所见所感。

该课提前邀请两位心理委员作为观察员，两位感兴趣的老师为活动记录者和安保员。观察员以旁观者视角分享生命的多维视角，安保员确保湖边散步的安全性，用手机记录全过程。关于这次正念散步的公众号文章在推送家长后，受到了家长的一致好评，其他班也纷纷效仿。

照顾自己

高中心理课堂以自我意识、自我学习和情绪管理、社交意识、关系处理技巧、负责任的决策等社交情感内容为主题，正念的简便和高效使之成了应对技巧中可操作的优选策略。

提升专注力的正念"STOP"

S（Stop）指的是停下来；T（Take a breath/break）指的是回到呼吸休息一下；O（Observe）指的是观察、觉察当下；P（Proceed）指的是重新起步、继续前行。

处理情绪问题时的"RAIN"法

R（Recognize）指识别、认出情绪而不是被情绪裹挟。A（Acceptance）指允许、接纳情绪及此刻所有的身心体验。I（Investigation）指带着好奇探索当下的身心经验，看看到底发生了什么。N（Non-identification）指不纠结于情绪认同，放下对情绪的关注，允许情绪的波动。

提升人际倾听技巧的"正念倾听"练习

两人一组，先用一分钟时间面对面交谈，再背对背互相回忆对方的面部特征和着装，然后再用一分钟时间面对面交谈，全然注意对方的肢体语言、表情、语调、措辞和情绪。最后，两人表达此时此刻的感受和想法。

暑期对抗手机依赖的"5 秒钟正念练习法"

手机设置定时响铃,根据自己的情况每隔几小时响一次。每当响铃时,暂停手中事务,集中注意力,觉察此刻的内心感受和身体感受。若是在玩手机,区分不同时期自己的沉浸情绪和感受,在练习中挖掘自己的内在需求,然后再行动。

(3)正念课后延伸练习

在心理课上,我能带领学生练习正念,但其实很多练习则要延伸到课外。如促进快速入睡的"数呼吸"和"身体扫描"练习,考试焦虑"一分钟停止法",人际感恩正念日记等。我通常采用 7 天训练或 21 天记录的方式提升学生正念水平。

心理教师在心理课堂教育过程中的正念思考

帕克·帕尔默曾说:"真正好的教学不能降低到技术层面,而是来自教师的自身认同与完整。"这里的"自身认同与完整"指对自我有意识地觉察并且在此基础上对自我状态进行反省与发展。

(1)"正念"自身:心理教师的正念认同与完整

这种"认同与完整"的基础就是正念自身。第一层次是我对正念的认同。大一时,我第一次接触宋晓兰老师的正念研究团队,从制作正念实验材料开始,陆续跟进理论和文献学习,参与正念研究和实践。虽然工作后因繁杂的家庭和生活事务而分身乏术,但我仍跟随宋老师去北京参与了正念体验营,并尝试将正念练习融入自身生活的方方面面,随时正念,专注一心,自我疗愈。近年来,我开始将自身的良好体验和领悟向学生和周围的人传递。练习正念的第一受益人是自己。

第二层次是敏锐觉察到自身在教育教学过程中的优势与劣势。有意识地在教学过程中减少评价性的惯性用语,即时修正教学中设置和表达不当的细节;接纳自己在课堂中语速变化、情绪波动和不完美的表现;相信自己对学生的了解和教学方案的设计水平;在课后及时记录和分析同一主题下的活动在不同班级呈现的效果，聚焦某些可优化之处并进行改进和完善，比如对课堂时间把控的精准度。

（2）"正念"教学：心理教师的角色认知明晰

心理教师不只是教书匠，而是具有创造性和影响力的心理教育者。高中生认知水平的提升促使其自我意识得到了增强。心理课要基于学生实际需求，在设计心理教学方案时，不止在于完成认知目标，更多要将心理技能巧妙地融入体验式的心理活动中，激发学生的学习兴趣，促进学生掌握可操作的应对策略，引导学生在活动中有所领悟并举一反三，促使学生形成良好的心理韧性来面对高中多方面的心理挑战。

作为教育者，要心中有学生，意识到学生的主体地位。心理教师在实际教学过程中，要时刻有意识地关注和觉察学生的身体状态、心理状态和思维状态，只有这样才能有目的性、指向性地进行心理教学活动，即使学生的反应超出了课程预设，也要接纳它们，聚焦及时策略应对而非陷入情绪困扰。

心理课堂的环节设置要引导学生自主探索和思考，教师要有意识地觉察学生的学习状态，抓住学生心理探索中的每一个闪光点，积极捕捉并利用课堂上的生成性资源，激活学生在课堂上的心理活力。

心理课堂要通过良性的师生互动建构良好的师生关系。在师生互动中心理教师要调节课堂氛围，例如每当课堂气氛低迷的时候，心理教师要有意识地察觉到自己与学生之间的联系正在变得薄弱，这时候，教师要通过拉近距离、提高音量、使用生动的语言等方式来加强师生之间的互动。这样的心理教学才会起到以身作则和事半功倍的效果。

三分钟的静谧

方　璐

　　三步呼吸空间是正念练习中较为常规且起效较快的练习方式，对提高个体做事情的专注力、处理应激性的情绪问题以及保持较好的平静状态都有很大的帮助。我在接触到正念的相关练习并有所收获后，开始思考如何将正念带给学生，或者说如何让正念影响自己的课堂。我所教授的电商班类属创新班，学习动机相对较强。但对德育课堂的投入度不高，尤其是坐在教室三排以后的学生，在课堂上的注意力基本只能维持 10—15 分钟。一部分学生存在情绪控制能力不佳的情况。在之前的课堂上，铃响之后如果没有老师发声示意，平均需要 4 分钟的时间教室才能彻底安静下来，一部分同学甚至需要更长的时间来完成课间与上课的转换。三步呼吸空间无论时长还是方式，都非常适合在课堂中应用。为了不占用 40 分钟课堂的太多部分，我把三步的时间稍微缩短了，尽量控制在 3 分钟左右。

第一次尝试

　　请保持脊椎自然挺直，在座位上找到一个最有尊严的姿势，轻轻地闭上眼睛。第一步，观察自己的身体姿势，可以留意身体和椅子接触的部位

方璐，浙江师范大学应用心理学硕士，浙江省开化职教中心专职心理健康教师、德育教研组组长，开化县乡村振兴讲师。参加过多次正念培训以及其他线上、线下的心理治疗工作坊等。

的感受，快速扫描身体，然后把注意力转向此时此刻在脑海里浮现出来的想法念头，只是去观察它们，但是不被这些念头带走；第二步，试着把所有的注意力安放到呼吸上，去感受腹部的起伏，只需要去观察呼吸，让它自然地发生；第三步，试着把注意力扩展到整个身体，好像身体随着呼吸在起伏。

在第一次的尝试中，我试图去建立课堂的固定练习模式，我把时间拉长了一些，整个过程大约是5分钟。让我吃惊的是几乎一半以上的学生，连伪装都没有，直接在1分钟左右开始放弃，嘟囔说"做不到"，或者睁开眼睛看周围，甚至直接趴在桌子上。"感觉很无聊啊。""我要做作业，我觉得这个没有意义。""时间真的好长啊，坚持不了。""我走神了，但是我不记得我想了什么。""我根本静不下来。""我做不来，不知道什么是观察呼吸。""老师，我都听不懂你在说什么。""我根本做不到静止不动，太难了。"……

我试图在指导语上加上"如果你分心了或者觉得坚持不下去了，是否愿意再试着进入关注呼吸的状态一次？"结果似乎在两分钟的时候，更多的人放弃了。这比我之前的预想还要糟糕一些，比如他们在听闻"有尊严的姿势"等词语的时候全场发出了笑声。我不死心地问："有同学一直坚持到最后吗？"连我一直认为可能很"上道"的文静女孩，也告诉我其实她只做到了"静止不动"而已。

我反思了自己刚接触正念的时候的状态，除了态度之外，与他们是相似的。也许对于这些学生而言，练习需要更加有意思一点。从第一次的练习尝试效果来看，需解决三个问题：①练习的时长需要缩短；②指导语需要更适合中职学生的个人实际（让他们更听得懂一些，或者更直观一些）；③我尝试将这一过程包含在课堂内容里，像一个需要掌握的知识点一样。

"电影视角"

想让练习时长变短便需要修改部分指导语，此外，为了让他们更能

"听得懂"，或者说激发他们的"兴趣"，也需要从指导语入手。经过一段时间的探索，同时结合自己在练习时的想法和做法以及他们日常生活中常接触的事物，我想到了"电影视角"：将正念的觉察图像化，以"一台只对准自己的摄像机"为切入点。我们以课堂过程以及课间10分钟为素材，选择性地录制了时长达25分钟的"微电影"，没有修饰也没有事先打招呼（但严格地审核内容，会剪切掉不适宜播放的内容），影片主要反映了学生们的课堂和课间表现。我邀请学生们仔细观看屏幕上的自己在做什么。观看过程中几乎没有出现吵闹，所有的人都专注地看着屏幕。他们被这样一个全新的视角触动了。他们以前没有这么认真这么专注地在这样的一个视角下观察过自己没有任何表演性质的真实的样子。在视频结束之后，大家的反馈超出了我的预期。"我从来不知道我自己上课的小动作那么多。""原来我一节课都是以那么夸张的姿势坐着的。""我从来不知道原来我在上课的时候照镜子看起来那么荒唐。""我没有想到我竟然在上节课足足睡了40分钟。老师走了我都不知道。""我真的不知道我每次都会往后靠，我看见我后桌真的有在撑着我，她压力挺大的。""我发现只要是老师点到我名字的时候我都会先把头转一圈，为什么会有这样的习惯？""我几乎转了一节课的笔。""我把脚放在前桌的样子真的不太好看。"……将自己未能觉察到的状态以最直观的图像的方式呈现出来，同时也就直观地呈现了正念练习中的核心——"觉察"这一抽象内在过程。

"有尊严的姿势"

为什么在讲到"有尊严的姿势"时会引发学生大面积发笑和"出戏"？学生告诉我不知道什么样的姿势叫有尊严。另外，在他们的语境中很少会用"尊严"去形容一个姿势，对他们来说，这个词好像有一点严肃或者有一点不合时宜，就像告诉他们现在要上一堂让人"受益匪浅"的课一样，也许他们更能理解一堂"让你印象很深的课"。所以我也尝试在课堂上与他们一起讨论那些他们认为有点"出戏"的词语。在我们的讨论里，似乎对

"有尊严的姿势"而言更好的操作化定义是：让你觉得舒服的，让你觉得最能够集中自己的能量去应对任何意外事件的姿势。但似乎他们对于这个姿势依旧似懂非懂。如同上段的上帝视角一样，似乎他们需要一个更加贴切形象的描述方式。于是，我尝试让他们进行了"生活片段的想象演习"。其一，我让一个学生以有尊严的姿势大声地念一念他在"生涯名片"中为自己设计的头衔，并且要求在这个过程中他一点也不"害羞"。其二，让他们想象在家里和一直念叨他们的父母吵架了，父母说的话他们一点也不赞同，现在父母一起走进来，他们要以什么样的姿势向父母说出自己的真实想法。

慢慢固定

结合之前的准备工作，我将"身体觉察"部分更改成了"用内心的摄像机拍摄自己"，同时增加了自我观察，并将时间长度缩短到了3—4分钟，这样能更好地配合课堂主题内容的展开。我慢慢说出引导语："自然挺直背，在座位上找到一个最有尊严的姿势，轻轻地闭上眼睛，打开心中那台只对着自己拍摄的摄像机的开关，第一分钟，看一看屏幕上此刻你的模样，你的姿势，你的表情。此时此刻，你心里所有的想法、念头都会毫无保留地呈现在屏幕上，而你只需要看清楚它们，不管你在想什么，都好，只需要在心里告诉自己，这就是此刻我的想法。此刻你的情绪会让这屏幕染上一些颜色，那么，你屏幕的颜色是什么？不管你是否喜欢，你都可以给他命一个名，然后在心里告诉自己：'这就是此刻我的心情。'"

学生无法闭眼坚持的情况明显减少了，关于"有尊严的姿势"的笑声似乎也消失了，至少他们不会在这3—4分钟里彼此打扰，而能快一点将注意力从其他的事情上聚焦到自己的呼吸上，冉进一步延展自己的注意力，同时"看清楚"此刻自己的模样。之后的每一次课堂都会以同样的频率和模式开展呼吸空间的练习。活动中的任何他们不能理解的地方，我们都会持续讨论，例如"走神后我的注意力为什么回不来""我其实一点都不想从走神里回来"，等等。我们有一个默契，就是老师给的方法和为了更好地理解而做的讨论和解说也不一定都是正确的，以及如果学生不能进入状态，那么我尊重他们，并且也需要他们接受自己的练习状况。

课堂内的静谧

正念练习时长和指导语的改变，让课堂中的练习有了变化，如今学生已经坚持了近一个学期的正念练习，每周两节课。我能够看到一些改变。首先，习以为常的坚持。上课铃响起，学生能自然地调整坐姿，进行3—4分钟的正念练习，从最初"我真的静不下来"和"好无聊"到现在的几乎全员参与。其次，宝贵的静谧。之前课堂上长达4分钟的"冷却时间"基本消失，取而代之的是三四分钟和自己相处的时间。从他们的反馈中能够感受到对于这3分钟静谧时间的喜爱："我很喜欢这种安静的感觉。""总觉得这个班级从来没有那么安静过，但安静还不错。"再次，更多的专注。在3分钟呼吸空间之后，他们在课堂上回答问题时能更加有针对性和专注。例如，在"生活四象限"的讨论中，他们能够更加聚焦对自我生活的探索，部分人对自己生活中的事件有了更细微的体察，例如许多人提及了"在下课后伸一个懒腰，能让我紧绷的神经舒缓一点""我喜欢在刚割过稻子的田里待一会儿，因为有清香味"。那些之前容易被忽视的微小但幸福的时刻在德育的自我探索部分被挖掘了出来。最后，更好的课堂状态。我能感受到班级课堂在氛围和状态上切换的稳定性，这样的正念练习对于他们的课堂投入状态有很好的正向影响。

课堂外的收获

除了课堂上的一些改变，让人欣喜的是也产生了一些迁移至课堂之外的收获。第一，别的练习。班级里几个女生在某次课后找到我，询问在课堂上提到过的"正念的其他练习"的细节信息，有的纯粹因为好奇，也有的因为喜欢练习时的感觉而想花更多的时间去了解。第二，别的场合。学生告诉我，这个正念练习很适合在考试之前用，真的会让人没那么紧张。

第三，别的对象。班上的女生将正念练习分享给了隔壁班级的好朋友，我在咨询室里接待了那位几乎时刻处于崩溃边缘的女生。她告诉我，自己一直紧绷着神经，几乎一刻都没有放松，家庭、班级人际关系和自认为不能失败的高考压力，使她处在一个很糟糕的状态下，好朋友给她传达的"二手"正念练习，让她似乎长久以来第一次有了些微的放松，她想知道更多，改变更多。

当然这仅仅是一个小小的尝试，也是一个小小的开始。愿正念能真正惠及学生们的人生。同时我也将试着去探索更多适合这个年纪这个阶段的学生的正念练习。我常在课堂上说："来，打开你们心里的摄像机，看看，现在的你是什么样的？"

培育专注与有韧性的课堂
——小学正念课堂实践报告

章锡飞

小学生的年龄一般在 7—13 岁，这个年龄段的孩子具有身心发展迅速、活泼好动、注意力难以集中等特点。主要表现为注意力不稳定、不持久，例如上课容易走神，爱做小动作，喜欢和周围的人随意说话等。作为人最重要的心理品质之一，注意力水平直接影响着学生的智力发展和对知识的吸收。著名教育家蒙台梭利说过："最好的学习方法就是让孩子聚精会神地学习。"

正念就是在当下有意识地不带评判地觉察，包括三个核心：当下、注意、非评判。在学校教育中，通过正念训练，也就是通过不断地将注意力聚拢在当下意识内容上，可以培育个体的专注力、洞察力、自觉性，还可以塑造儿童的道德品质，促进儿童自我统整和健康成长。

那么，作为一名小学教师，要如何在课堂中运用正念练习来提升学生的专注力呢？我在自身坚持正念练习的基础上，尝试在小学五年级的课堂中融入正念练习，取得了一些成果。

章锡飞，小学英语教师，国家二级心理咨询师。

正念坐姿：激发良好学习状态

心理学研究发现，身心是相互影响的。一个好的坐姿往往会决定学生整节课的听课状态。坐姿端正，大脑会"认为"现在做的事情很重要，会给予支持。如果身体歪歪扭扭，大脑就会"认为"现在做的事情不重要，听课效果就较差。因此在上课前，教师花 1—2 分钟时间邀请学生调整自己的坐姿是很有必要的。

"请你选择一个挺拔而有尊严的坐姿。两脚平放在地面上，臀部坐一半的椅子，脊背自然伸直，头和颈要保持端正，要点是脊背一定要自然伸直，但不要僵硬。"教师一边说引导语一边走到学生中间，帮助还没做到位的同学，确保每个孩子都坐成正念坐姿。

然后，再引导孩子们做一分钟呼吸专注练习。眼睛睁着或闭着都可以，请孩子们全然地放松下来，有意识地把注意力放在身体的感觉上。深深地吸气，慢慢地把注意力放到腹部，全身心地去感受腹部微微隆起的感觉；呼气的时候，腹部微微收缩，全身心地去觉察腹部微微收缩的感觉。就这样连续做三次深呼吸。

接下来再进行正向赋能："现在的你，已完全静下来了，请你觉察一下自己的内在状态，问问自己脑海中有什么想法？你是否想专注高效地吸收这堂课的知识？是否已做好充分的准备来迎接这一节课？觉察一下自己，现在的你有什么样的情绪与感受？是平和的，兴奋的，还是带着好奇？很好！现在的你已经进入了非常棒的上课状态，希望你能够把此时此刻的专注与投入扩散到课堂的 35 分钟里！老师相信每位同学都能做到！"

实践证明，在上课前，教师花极短的时间让学生做正念练习，不仅能使学生调整好身体状态，更重要的是，可以帮助他们快速地收回注意力，全然地回到课堂，做到身心合一，学生良好的学习状态被激发出来了，为高效课堂的开启打下了良好基础。

驯服分心：提升觉察力

美国心理学家威廉·詹姆斯曾对教学有如此表达："专注力以及从其而来的觉察力，才是教与学的真正途径。"

正念的要点在于关注当下，不做评判，以发展的眼光看待自身以及周围的变化。课上到一半时，部分学生的注意力往往便开始分散了，他们用手去玩笔，或者眼朝外四处张望等，心已经游离了课堂。当教师觉察出课堂内有这样的情况时，不能大声批评或者让学生罚站。因为这不仅会破坏课堂，还会伤害学生的自尊心。

教师可以对学生发出以下邀请："课上到这里，老师留意到部分同学的注意力已经有点不集中了。这很正常，谁都会有分心的时刻，试着去接纳自己的这份分心，无须自责。来，请你们关注一下自己的呼吸，快速调动自己的内在力量，把注意力拉回到课堂中，这才是我们正念学生的智慧，老师相信我们班每个同学都具备这个能力。"教师说话的语气是平和的，关注呼吸后，注意力不集中的学生往往很快会有觉察，马上调整好坐姿，再次进入专注听课状态。

为了达成理想的效果，教师会趁热打铁，对做得特别好的同学及时给出赞赏："哇！小A，你好厉害！老师发现你的内在有一个特别棒的'警察'，老师只用一个眼神提醒，你就觉察到了，能快速集中自己的注意力，老师真心为你点赞！"学生接收到这份肯定后，往往会比前面做得更好，班内其他同学因为有这个榜样的引领，也会纷纷仿效，做更专注的自己。

回应意外：培育接纳与不评判态度

专门组织学生进行正念正式练习需要花较长的时间，但是教师可以抓住在课堂教学中发生的一些意外，将它们转化成非正式版的正念练习。这样的练习结合具体生活事件，往往可以更好地引起学生觉察，践行正念。

例如，有一次上课时，小B同学坐的椅子突然倾倒了，"扑通"一声，整个人坐在了地上，一些同学随之大笑。小B有些尴尬地站起来，拍了拍屁股。平静的课堂顿时变得热闹起来，部分同学发出得意的笑声，还有些同学趁机开始聊天了！可贵的是，有几个同学表现得很镇定，从事件发生开始，他们就只是平静地观望，没有卷入其中。于是教师就抓住这几个同学创造的例外："老师留意到，当课堂发生意外时，小C与小D表现十分冷静，你们有很强的觉察力，老师为你们点赞！同时也想问问你们是怎么做到的啊？"

小C回答说："如果此时我们说话，就会扰乱课堂，因此我就做好自己，事情老师会处理的。""哇！谢谢你让我看到了你那颗美好的心，能接纳课堂发生的意外，对老师有一份信任，而且做到了对事件不评判，太好了！你的行为很好地践行了正念，老师十分欣赏你！"

在正向力量的带动下，刚才分心的同学也将注意力收了回来，课堂慢慢恢复了常态。整个过程，教师都没有对故意大笑的同学进行责备或者批评，这种带着正念的了无痕迹的教育，唤醒了同学们的正念之心，同时具身展现了不评判与接纳的态度。

还有一次，在上课时教室里突然飞进一只蝴蝶，一同学兴奋地喊："教室里有蝴蝶。"部分同学立即开始东张西望，有的还起身去追赶，平静的课堂被打破了！教师停下课，温和地对孩子们说："同学们，有蝴蝶飞进了我们的教室，或许它很想和我们一起学习呢！有同学想把蝴蝶赶出教室，这份心老师也收到了！此刻正是我们练习正念的好时机，让我们放下与蝴蝶的对抗，不奋力去追赶，用平静与接纳表达对蝴蝶的友爱，请打开所有的窗户，还它自由！"

"然后，请同学们关注一下自己的呼吸，以呼吸为锚，慢慢地把你们的注意力收回来，好吗？""好！"接下来全班同学开始做一分钟的呼吸练习，课堂从嘈杂声中渐渐地安静了下来，教师开始继续上课，同学们再次挺直了脊背，注意力回到了当下。不久，蝴蝶也悄悄地飞走了。

一个个课堂意外就这样平静地过去了，每一次意外都给孩子们创造了很好的正念练习机会，在非正式的练习中，更好地培育了孩子们的包容心与接纳力，还有一份不对抗的态度，使内心多了份智慧！

课内正念互批：培养放下与信任态度

期末复习阶段，教师通常会安排学生在课堂内完成一些期末模拟试卷，但往往又面临着教师课时量增加，没时间批阅试卷的窘境。为了解决这一难题，教师们常常会让学生当堂互批试卷。

在以往的课堂中，总会出现部分学生心不在焉，马马虎虎的现象。看上去是在批阅，但实际上注意力已跑偏：眼盯着同桌的试卷，生怕同桌给自己改错分数。甚至，有个别同学还会突然叫喊："老师，某某把我的试卷改错了，我那一题是对的。"这样的行为会严重阻碍课堂进程，使课堂效率大大降低！

教师该如何运用正念来解决这一课堂难题？在正念练习的七个态度中，有一个态度是放下，教师如果能抓住这一契机来对其进行实践，那么产生的效果将令人欣喜。

"同学们，期末考试就要来临了，老师知道你们都想取得好成绩，老师和你们有同样的心愿，但分数这个东西很神奇，它有一个特质：当我们越在意关注它，它就会离我们越远，我们就越得不到它，相反，如果我们对结果不那么在意了，放下了对分数的过分追求，专注于做事情的过程，那么好分数往往就会悄悄降临，就这么神奇哦！"

"我们都是正念的学生，正念练习中有一个态度叫放下，今天就让我们好好把握这次机会，来践行正念的放下吧！准备好，我们一起来做几次深呼吸，关注一下自己的身体状态。"教师的正念教育如同丝丝春雨滋养着学生们的心田。几分钟后，便能觉察到学生们慢慢地放下了那颗焦躁不安的心，放下了三心二意，开始专注地做事，课堂因此变得宁静而有生命力！

实践证明，这样的批阅方式不仅有效提升了课堂效率，而且紧随其后的正念练习也很好地培育了孩子们之间的信任以及专注过程、放下结果的人生态度，而这样的态度对培养学生的健康人格及品质会起到积极的作用！

总结

教师除了在课堂中带领学生进行正式版与非正式版的正念练习之外，还可以与孩子们一起在教室里创造"正念环境"，把教室打造成一个"正念教室"，例如让孩子们从"专注、觉察、接纳、信任、耐心、放下"等正念态度中选择一个，书写好并配上相应的图片，张贴在教室里的展板上；让学生结合具体生活事例写一些正念小文章展示在黑板报上；期末颁奖时，给表现优秀的学生颁发"优秀正念学生"奖状，让孩子们时刻浸泡在一个充满正念的学习氛围里。

经过一年的实践，正念课堂取得了一定的效果。学生们的听课专注度比以往有了大幅提升，课堂纪律变好了，作业准确率提高了，整个班的学习气氛浓厚了；期末考试成绩取得了较大突破，从四年级期末考试成绩全年段第5名（共6个班）到五年级的全年段第2名，学生们的学习主动性增强了，整个班集体变得更加积极向上！而且，同学间的摩擦少了，更能相互包容与理解。一同学在感悟中写道："这一年来发现自己的学习成绩有一定进步，我的急躁脾气也减少了许多，不再乱发脾气，对同学变得友好了。"

当然，正念课堂的实践对教师也提出了更高的要求，教师必须亲历正念，有一种从正念处习来的慈爱、沉稳的品质，在教学中要有开放、接纳与不评判的态度，真正以学生健康成长为导向，才能实现教学相长。

一位教师的正念"成长之路"

林丹平

修习正念

对正念有了初步的了解以后，我开始深入系统地学习正念。从上MBSR的8周课程到每日练习正念，从5日止语静修练习到成为智慧之心正念心理咨询师，从阅读杰克·康菲尔德《觉知的力量》到邀请督导授课，从参与2年正念成长团体到学习MBSR和MBCT的整合课程，还有浙江师范大学的正念课程。随着学习的深入，正念已完全融入我的生活，而生活本身就是练习，每一个时刻都和自己的觉察联结在一起。清晨，我在一呼一吸间醒来，感受清新空气在身体中自由流动所带来的身体变化，带着呼吸，觉知身体的每一个细节，开启每天45分钟的身体扫描。脚趾头会首先成为觉知舞台上的主角，我的呼吸始于那里，然后到脚掌脚背脚踝，通过小腿到达大腿，再到腹部胸部，直至从鼻腔呼出，我觉知气息从外面进来，通畅地经过身体，如此循环往复。在这个过程中，我觉知膝盖的冰凉，觉知喉咙的吞咽，觉知上下齿的紧紧咬合，觉知情绪的平静与稳定，偶尔有心念出现，如同天上的云朵，在静默而广阔的觉知天空中飘过，接纳当下

林丹平，高级心理教师，国家二级心理咨询师，加州健康研究院正念导师，智慧之心正念心理咨询师，浙江省首批中小学优秀心理督导师。

一切如是，不去追逐，不去改变什么，只是觉知躺在这里的一切感觉。感谢自己，在觉知中关怀自己，祝福自己健康快乐、平安幸福！脸上带着笑容，开启温暖美好的一天。

起床时，我觉察自己身体的感觉，同时留意当下头脑中的想法，想到接下来一天要做的事，觉察到烦躁的情绪涌来，当下我问自己：此时此刻我的体验是什么？我的脑海中有什么想法？并且会把那些想法用语言描述出来，让自己直面当下情绪上的不舒服和不愉悦，承认它们的存在。再快速扫描一下身体，觉察身体的感觉：胸口有点堵，后背有点紧张。然后我聚焦在呼吸上，跟随着吸气和呼气的整个过程，感受腹部随着气体进入而扩张，随着气体呼出而下沉的感觉，用呼吸来把自己锚定在当下。把呼吸带到那个不舒服的地方，在每一次呼气之中把气体从那个部位带走，并对自己说："不管它是什么，它已经在这里了，让我感受它。"然后扩展我的注意力，到整个身体，还有面部表情，甚至扩展到这一天的接下来的每一个瞬间。呼吸空间帮助我连贯地从行动模式转换到存在模式。这个练习也打开了我新的自由和选择空间。

早餐是我正念饮食的时间。当下我先留意一下吃饭的环境，留意自己的内在，留意头脑、身体和心，带着好奇心去探究、去发现。我坐在餐桌前，留意自己的饥饿感，再留意桌上盘子里热腾腾、软乎乎的面包，留意我的头脑中想要拿起面包的冲动，然后，用手触摸面包，感受它的柔软度、温度、重量，仔细观察面包的纹理、颜色、形状、大小，此时它就像是一个艺术品。然后，我拿起来嗅一嗅，香味直冲我的鼻子，我深深地吸了一口气。感受面包和嘴唇接触的感觉，和牙齿接触的感觉，有点黏黏的，再仔细听咀嚼的声音，感受面包香甜的味道在嘴巴里扩散。这时，我觉察到第一口还没吃完，想吃第二口的冲动就来了，暂停了一会儿，再吃第二口。当吃第二口时，习惯性的评判出来了，这一口和上一口有什么不同？当我留意到这个念头时，回到呼吸，回到品尝当下的面包上，觉察唾液分泌的过程，觉察吞咽的念头和动作。那一刻，我全然地打开五感享受食物的美好，感受滋养满足的感觉，驻足当下，安享当下。

分享正念

正念是一种生活之道、存在之道，是一种与万事万物的相处之道，无论我们欢喜还是烦恼，正念都可以让我们持续一生地学习、成长、疗愈和转化。于是，我萌生了一个念头：要像我的正念师那样把正念的种子播撒出去，让更多人加入正念修习的队伍中来，一起学习，一起成长，共同受益。刚开始，我会在每堂课前，和学生一起进行 3 分钟的坐姿正念练习或呼吸练习，后来逐渐延长到 5 分钟。根据学生反应可以看出，课前的坐姿练习能让他们浮躁的心慢慢平静下来，能让注意力更集中，让身心得到放松。然后我开始给教师们开设讲座"正念减压和情绪管理""身心安顿的方法"。教师们反映他们很需要这样的课，也很喜欢。接下来，根据教师的需要，我开设了正念减压 8 周课程，他们给了我这样的反馈：

"8 周正念学习加一日止语静修，使自己的容纳之窗慢慢扩展，慢慢觉察自己在做什么，慢慢清晰自己的需要，对周边的人和事物也有了更多的抱持和允许，特别在亲密关系里、咨访关系里、其他人际关系里都能感受到痕迹，越来越有边界感。"

"'正念'让我在做家务时不会显得焦躁不安，能让我更快地觉察到自己的动念，也能让我觉察到情绪背后的真实念头，能让我更深层地了解自己。渐渐地我觉得自己性情变平和了许多，愉悦、幸福感不断增加。前不久去上海复查身体，医生说我恢复得很好，个人觉得身体能恢复成这般，与我这几年坚持的'正念'是分不开的。这也让我更深刻地理解了'养生实乃养心'！"

"老师说过一句吸引我的话——这也是我正念练习的初心：照顾好自己，爱自己。可能这句话只是老师的一句引导语，是被轻轻带过的一句话。对我却是整个 8 周课的重心。而我也很好地践行了这句话：照顾好自己，爱自己。我会在平时的生活中，给自己一个有仪式感的体验契机，去吃饭、买束花，或者空出时间跟自己待在一起，不用考虑任何人或者事。让自己安心地体验愉悦，我值得。"

"一天的正念止语让我慢慢领会到了什么是和当下的自己相处的状态，少了寒暄，少了多余的操心，我的思绪变得清晰了起来，看见了生活中什么是我需要的，什么是我的瞎分心。当下想想，我的孩子们应该有自己的认知和感受，在成长中，我却总在催促中剥夺她们探索世界的机会，用自己的思想'绑架'她们，什么是对的？什么是错的？是非观念，那都是我们的看法。一个孩子如一片树叶，应该有自己的个性，应该让他们自己去感受、去探索这个世界。而我，应该从当下警醒自己停下脚步，提醒自己与自己的心在一起，安在当下！"

在专注与友善的智慧中成长

刘 毓

与正念相遇,始于大学。读研期间,一位老师向我们介绍了美国卡巴金教授的正念减压研究,让我对正念有了更加深入的认识,并开始以科学和学术的视角去拓展自己对正念的了解。

开始我的正念教育探索之路

毕业后,我成了一名中学心理教师,主要负责心理健康教育。在教学过程中,我发现很多学生上课好动、静不下来且容易走神;课堂秩序性差,气氛嘈杂、混乱……课堂管理难度很大。我尝试过从课程的内容和形式方面去调动学生的课堂积极性,也尝试过采用其他方法改善教学,但效果都不明显。如何改善原有的教学状况,让学生能够静下来,提高他们的专注力,调整他们的学习状态,并且改善他们的学习行为和习惯等,是摆在我面前的难题。

正念在专注力提升、情绪调节、认知状态改善、自我控制力提高等方面具有独特的优势,或许正念就是这些问题的解决之法。现代心理教育也

刘毓,福建省漳州市第五中学专职心理教师,一级教师,福建省中小学心理健康教育漳州五中名师工作室领衔名师,福建省普通高中心理健康教育学科指导委员会委员,漳州市第六批中小学学科带头人(培养对象)。常年从事心理健康教育工作,致力于正念在中小学教育中的理论和实践的探索与推广。

需要引入正念，以便获得原本的平衡。将正念的相关内容引入心理健康教育工作的想法慢慢清晰起来，我也开始关注正念心理、正念教育等相关主题，开始进行正念心理教育方面理论和实践的零星探索。

正念教育路上的探索

我对正念与自我控制的课题做过较为系统的研究，但是对正念心理教育的内容相对陌生。面对正念心理教育这个崭新的主题，我上网搜索了相关信息，了解了像.b课程这样相对成熟的正念校园项目以及它的课程体系和课程组织方式，作为自己今后课程设计的依据。

在搜索资料时，我们发现了一本《正念与学习》英文原著。为了深入了解正念与学习的关系，对正念融入教育教学的理念和方法有更深的把握，我们打算将这本书翻译下来，留作参考。在副校长的组织下，我们成立了《正念与学习》翻译小组。这本书围绕正念和学习之间的关系展开，内容涉及心理学和教育学，有很多的专业术语以及不同国家的教育政策。在翻译的过程中困难重重，我慢慢地阅读，遇到不懂的、难以理解的就通过网络查找相关的资料，先理解再翻译。

阅读正念相关的专业书籍让我对正念的理论有了更全面的了解和把握，但正念不仅仅是一种知识，它更是一种方法、技巧，是由不断的练习而形成的一种能力。只有对正念理论的把握是远远不够的，要想做好正念心理教育，更重要的是要有正念的体验和实践，要在亲身经历中用身体去把握和体悟正念的本质。

正念心理引介课程探索

根据对正念的理解，我尝试在学校心理课中加入正念，设计了一堂名为"和你一起走进正念"的心理课，主要是对正念及正念的方法进行介绍。我虽然有体验，但因课程内容多且都集中在一节课中，导致课程缺乏系统性和全面性，学生对于正念的体验感不佳。为此，在第一阶段的课程基础上，我进一步深入正念的本质，并针对中学生的学习和生活，设计了8节以正念为基础的，紧扣专注、静、非评价、当下把握等正念核心元素的正念心理引介课程。

初步成型后的课程在初一和高一年级实施，根据不同学段的学生认知发展特点进行形式和内容的调整，如根据初一学生的特点，该学段的课程在内容形式上更注重趣味性，让正念贯穿游戏和体验活动，让学生在玩乐中了解和学习正念的方法和技巧，并引导他们平时尝试坚持练习，将正念的方法应用到日常生活中。根据高中学生的认知发展特点，我在正念课程中渗透了部分正念理论讲解，将不同的正念练习贯穿于课程始终，使学生能够从不同的角度对正念有一个较为系统的认知。同时，我结合高中生日常生活实际，通过正念课程训练来调整学生的认知状态，增强其情绪调控能力，通过改善其行为表现和学业成绩来增强正念心理课程的应用性、针对性。

正念心理健身操的实践探索

正念在心理减压方面表现出了独特的优势，如何将正念与心理健身操相结合？是否可以将有意识觉知、非评价和非反应等正念元素融入心理健身操的练习和设计？我与体育老师合作进行了正念心理健身操的编制尝试。

整套心理健身操，动静结合，动作简单，节奏和缓，练习时强调对每个动作过程的觉知。让学生在对身体运动的觉知中实现身体的放松，在身心协调合一的体验觉知中达到减压放松的目的。

"正念与我同行"心理健康活动月的全校推广

2016年5月，我校以心理健康活动月为契机，开展主题为"正念与我同行"的系列心理健康教育教研活动，通过心理公开课、正念心理健身操、正念心理漫画展和正念心理板报评比等活动，来促进学生对正念的了解与学习，扩大正念在我校的影响面，提升大家对正念的认知。

引入青少年正念观息校园课程

为了丰富正念心理教育的内容和形式，经过多次沟通和充分的准备，在全国中小学中，我校率先引入了青少年正念观息校园课程。这一为时 70 分钟的课程，由经验丰富且具有指导资历的正念观息老师进行指导教学。

课程结束后，我带领大家利用每日早读 10 分钟的时间进行正念观息练习。随着练习的持续，课下会有同学兴奋地对我说："老师，练习对我有效果，让我在课堂上更专注了。""老师，练习让我睡得更好了！""老师，练习让我比较能静下来了。""老师，练习让我精神更好了。"……

将正念方法和技巧融入传统心理课堂

注意稳定性和集中性对于学习尤为重要。高中生的注意品质接近成人，能够根据任务要求转移注意和分配注意资源，具备良好的注意稳定性和集中性，但是对于很多学生而言，长期不良的行为习惯使得他们没有形成良好的专注力。

为了帮助学生提高专注力，我尝试在传统的心理课中融入简短的正念练习。例如，在课程开始前进行简短的 3 分钟呼吸空间练习，以帮助学生聚焦当下课堂，为即将开始的心理课学习做好准备；在学生情绪过于高涨，需要静下来的时候，做一个一分钟的正念声音追踪练习，帮助学生降低活动兴奋性，以较快的速度和较短的时间完成状态转换。从实际效果来看，这样的安排改善了学生在心理课堂上的学习状态及学习效果。我想，正念练习也可以突破心理课的范围，应用到其他学科的课堂教学过程中。

正念心理沙龙探索

为了让更多的人了解正念心理教育，我尝试以正念心理沙龙的形式进行正念相关知识的推广。正念心理沙龙经历了一个从知识传播、理论学习再到练习体验的过程。人员时多时少，进行沙龙体验的人多种多样，他们有着各样的参与动机，有的觉得新鲜，有的觉得好玩……

出于一些原因，正念心理沙龙在举办 12 次后便结束了。沙龙之所以会结束，一方面是我对正念的理解和把握还欠火候，需要在学习和实践中不断提升自己的能力；另一方面，练习正念的过程中，会产生厌倦、烦恼，这是每个正念练习者必经的过程。开始总是新鲜好玩的，但是要真正提升正念能力，我们必须要进行反复练习。

正念会带给我们诸多益处，但这些益处本身并不是正念。正念练习的益处初现需要一个过程，很多人却没有足够的耐心等待这个过程发生。在正念推广和课程设计中应当面对这个问题，要思考如何让大家在练习中提升耐心，让这个过程发生，让正念的益处显现。

正念心理沙龙的整个过程还让我了解到了"正念热"的原因和在正念推广中需要面对和回应的一些难题，让我对正念推广的艰辛和任重道远有了更深的认识。我对推广正念的狂热和急功近利已经脱离了正念练习的初衷，于是我又回到自身，继续正念的修习。

正念心理教育探索中的反思

正念训练与心理健康教育有着不言自明的联系。既可以设置独立的正念心理引介课程进行正念心理教育的推广，也完全可以将正念理论和方法融入心理健康教育的认知、情绪、人际、社会性与适应等主题，进行内容设计。

正念心理引介课程以正念主题为核心，融入心理教育的相关内容与形式，使之区别于一般的正念课程，更适用于小学的心理健康教育课堂，能够让学生系统全面地进行正念的学习。

将正念融入心理健康教育课堂，可以通过在心理健康教育课程中设计正念心理专题的方式进行。正念训练中静的训练、觉知的训练、当下体验、专注的训练、非评价非反应、接受性等内容均区别于传统心理健康教育内容，结合相关理论将正念练习纳入进来，可以丰富心理健康教育的内容和方法体系。

正念在专注力、适应力、认知功能、执行功能、情绪应对与调控能力等方面的作用为正念与心理健康教育的融合提供了理论上的可能。如何将这种理论可能性转化为现实，是当前正念与教育以及心理健康教育的核心。这种融合，既包括依据已有的心理健康专题，展现正念对心理健康的积极影响，也包括通过正念练习来有效地提升课程影响力。

另一个重要的问题是，我们发现正念方法的有效性与学生练习时的投入度有密切联系。那些练习时投入度不高，甚至练习时进行其他活动的学生，反馈自己较少体验到正念观息课程所带来的积极影响。此外，正念练习的效果还与学生的日常行为表现有很密切的关系。那些在日常学习中行为习惯良好，学习参与度高的学生能更好地投入每日的正念观息练习，在练习中的表现也更为积极，最终也报告了更多的积极体验和更好的效果，而这种积极的体验和正向的效果又会促使他们更加投入地练习。那些在每日固定的集体正念观息练习外还能持续进行正念练习的学生，通常有更高的练习参与度与更多的练习积极体验，而且在练习持续意愿调查中，我们发现，大部分的同学都有持续练习的意愿。

正念的效果需要通过一定强度和频率的练习实现。两周一节课，在训练的强度和频度上是不够的。因此，如何在现有的课程教学安排中保证正念练习的强度和频度，是实践探索中的难点。

最后，推广正念离不开一个热爱正念并立志于深化正念教育的心理健康教育核心工作团队。如何发挥集体的力量，在团队协作中突破个人的局限，让更多的教师加入正念心理教育的队伍，是将正念融入教育的过程中必须突破的问题。

在进行正念心理引介课程的开发与实践的过程中，我经历了很多的挫折，吸取了很多的教训，为今后正念心理教育课程的开发积累了经验。

课程设计的内容不宜太复杂，认知和理论的内容不宜太多。应该从基本的练习出发，坚持以活动和训练为主，从而不断地在正念练习中提升正念的状态与能力。

正念心理课程的设计虽然要关注到学生的兴趣和学生的参与度，但是不要让正念练习变得流于形式或过于复杂，否则会背离正念的真谛。

正念发生作用，需要一个自然的过程，在课程的设计和实施中要保持耐心，等待改变的自然发生。

课程传授者只有深具正念，才能够更好地教授正念。正念心理课程的实施，其关键在于实施者自身的正念水平，因此，教师自己需要持续不断地做正念练习，让正念渗透生活。所以，对授课教师的师资培训也很重要。

在探索的路上继续前行

在正念心理教育的路上，我有过成功也有过失败，有经验也有教训，有探索也有挣扎。经历了种种，回顾走过的路，感慨万千，特别是当我静下心来重拾这些探索的经历时，发现自己竟做了那么多。尽管会孤独，觉得前路迷茫，但是既然选择了正念心理教育，我便会无怨无悔地走下去。

探索的路上没有终点站，即使是独自一人，步履蹒跚，我也不怕，因为我的生命中有正念相伴……

正念常开智慧花

方樱洁

成年人的世界没有"容易"二字,所有的辛酸苦辣都由自己消化。有人说孩子总希望白天更长,而成年人更希望夜晚更长,因为夜晚可以遮掩内心的脆弱。我回想起那段艰辛的岁月,幸得有家人的理解、体谅与支持,幸得自己学习了心理学。是心理学告诉我遇事不能消极,要积极乐观去应对。但即便学了那么多年,我的情绪还是会大起大落,对一些事情还是会半信半疑……直到,我遇见了正念。

初遇正念

第一次遇见正念,是在2018年12月的浙江师范大学正念教师模块二培训课上,4天的具身体验,让我认识了正念,初步体味了正念带来的美好。正念,让我看到了真正的自己,开始意识到要懂得照顾好自己,要懂得更好地活在当下,安好此心。

于是我开始不断地将正念融入生活,也尝到了正念的甜头。当看到浙江师范大学正念实验室组织的正念8周课时,便毫不犹豫地报名参加了。这一次,我并没有因为无法陪伴孩子而自责,而是能够做到安好此心,全

方樱洁,一级教师,诸暨市斯怡安名师工作室研修员,浙江省诸暨市大唐街道柱山小学教师,主任语文,兼任心理健康。

身心投入培训体验中。其间，我有好几次踩着点去乘坐返程高铁，换成以前的自己早已慌慌张张，但这几次我并没有焦虑，而是以自己最快的速度冲向车站以尽我所能赶上高铁，尽管有一次因为出了乌龙事件没赶上高铁，但我也是坦然接受，当作一份特别的经历去体会，心情反而是愉悦的。

正念带给了我太多新鲜和美妙的体验，让我来到了一个全新的世界，正是因为有了正念，我才得以一点点改变自己，是它的魅力影响了我！

遗憾未成遗憾

很久以前，我有过无数次彷徨，无数次自责，一直处于低谷当中，不知该如何冲出。久久挣扎后，我最终选择了一条路：放弃工作上的前途，调动到离家近点的学校，从初中转到小学任教。那时，我认为只有这样，自己才能兼顾家庭，才能够陪伴好自己的孩子。

在接触、学习正念之后，我才发现自己当初的选择大可不必，是自己没有认清真正的自己，没有找到生活一地鸡毛的真正原因。我看到了自己的自卑，这让自己在生活和工作中处处缩手缩脚，毫无自信；我看到了没有自我的自己，处处以别人的利益为先，时时在意别人的看法；我看到了自己的盲目自责，只要在工作中或生活中有纰漏出现，就会把所有的责任都归咎于自己，觉得自己一无是处……这所有的一切，都让当初的我，最终选择了用逃避来应对。

然而，正念练习中的经验，让我明白：只有看见自己，照顾好自己，才有能量去应对所有的问题。曾经自己引以为傲的抉择，到头来也只是逃避现实的做法。如今的自己遇见了正念，深切地明白抉择已然落定，我能做的就是坦然接受这个遗憾，要学会允许事物如其所是地存在。

人生漫漫，不可能总是一帆风顺，定会有许多坎坷和磨难，定会有许多抉择到最后证明并不是那么的正确。因为我有正念，所以不会对过往恋恋不舍，也不会对未来有过多的期待。我能做的，就是安于当下，过好当下。

正念，让我如其所是

正念，让我看到了自己，看到了自己的优点，看到了自己的不足，看到了自己身体的信号，懂得需要更好地照顾自己，只有把自己照顾好了，才能有精力去照顾自己想要照顾的其他一切，也让我更多地看到了他人的优点，尤其是自己的家人，让我觉得原来自己所处的环境其实是那么美好。

正念，让我能更加专注于做好一件事，心烦意乱时，来个三步呼吸空间，汇聚自己散乱的心，稳固自己的内心，从而全身心进入下一刻；工作中昏沉时，来个三步呼吸空间，进行一次高效的休息，然后精神饱满地进入下一刻；当学生犯错将要发火时，来个简短的三步呼吸空间，暴躁的内心即刻归于平静，更能理智地处理事件；清醒时，能够感受到每到一处，都有一股暖流通过，十分舒服；意识模糊了，那就眯一会儿，看到身体的疲劳，让身体休息一下，照顾好自己。

作为教师，面对的是一个个鲜活的生命，面对的是国家的未来，身上的责任重大。我们更要首先学会照顾好自己，如此才能更好地教育学生。

正念，就是能够让自己不失却这一点的法宝。正念，让我遇见更好的自己，我将用更好的自己去影响我的家人，我的学生，我的家长，我的同事，我的亲朋好友。

愿正念之花常开不谢！

正念呼吸——一剂良方

李 莉

"让我怎样感谢你，当我走向你的时候，我原想收获一缕春风，你却给了我整个春天……"

汪国真先生的这首《感谢》道出了我对正念呼吸的心声。

"妈妈，我睡不着。"映着窗外射进的昏黄灯影，朦胧中门口仿佛立着一个披头散发的身影，带着哭腔嗫嚅着，我揉揉眼睛下意识地摸出手机，果不其然，已经将近半夜一点了，这是今天晚上的第二次了，分床睡的计划恐怕要泡汤了。"不，她已经9岁了，不能再拖了。"我压着内心的躁怒，凭着母爱的那点耐心把她领进来，收拾好内心的波澜继续语重心长地和女儿沟通着，她抽噎着表示愿意再试试。跟女儿分房睡觉的计划已经进行了近半个月了，怎么还是一点成效都没有，问题究竟在哪儿？清晨走进女儿的房门，见她已经靠在床头看书了，只是两眼鳏鳏，失了神色。我心里不禁咯噔一下："昨晚一宿没睡吗？"我决定今天晚上和她好好谈谈，找出原因。

我小心试探着问她昨天睡得如何，女儿如实地告诉我昨晚几乎没睡，一个人在房里总是感到不踏实睡不着，脑子里时有时无地闪现着许许多多让她心惊的画面，心像是拉满了弓的弦悬在空中，一直着不了地。我很是

李莉，浙江省杭州市临安区育英实验学校初中语文一级教师，校心理辅导站站长。

疑惑女儿小小的脑袋里到底装了什么，让她如此惶恐不安。在和女儿分享自己儿时和爸妈分房的经历后，女儿终于敞开心扉告诉我，一次跟爸爸上班时，被爸爸同事的孩子一同拉去看了恐怖电影，每当一个人的时候，电影中恐怖的镜头就会闪过。惊醒，害怕，紧张，无眠就这样在她脑海中循环了。听完女儿的倾诉，我和她探讨了一些和电影中的神怪相关的问题，想让她明白，这些东西只是虚幻的，在这样推心置腹地交谈后，女儿渐渐进入了梦乡，我如释重负悄然抽身。

月光皎洁，星光灿烂，大地披上了静谧的睡衣，酣然入梦。"妈妈，我静不下来，脑子里又有奇怪的东西。"那个披头散发的身影又立在了门口。

看来理论的释然终究是无效的，解铃还须系铃人，"先睡心，后睡眼"，内心的清净才是灵丹妙药。忽地"正念"这剂良方从脑子深处冒了出来。我想到了"正念呼吸"，通过对呼吸的关注，减少脑子里的杂念，缓解焦虑，从而使内心清净、放松，促进睡眠。

黑夜中的星火把我拉回了 2018 年 11 月，那是我第一次接触正念，浙江农林大学心理健康教育中心和临安区教育研训中心共同主办了"正念训练与身心健康"工作坊，邀请到了浙江师范大学的正念实验室专职正念师担任导师。在导师的带领下，我们进行了正念呼吸、身体扫描、正念行走等体验式正念练习。在无数次忙碌的应付性活动中，我常感觉身心疲惫而收获寥寥。许久没有这么轻松、安宁平和、深入地发现自我了。"妈妈，我知道世上没有神怪，可是我一醒来脑子里就会钻进许多东西，我就会越来越清醒……"女儿眼神里流露出些许无助和愧疚。"那我们一起试试练习正念呼吸吧。"摸着她的小脑袋，我们一同进入她的房间，望着那双好奇的小眼睛，我解释"正念呼吸"就是静坐下来，放松身体，轻闭双眼，开始探索呼吸时的身体感觉。简而言之，吸气，知道吸气的感觉；呼气，知道呼气的感觉。就是这么简单。反复练习它能帮你减少脑子里的杂念，缓解焦虑，使内心清净、放松，促进睡眠。女儿一听，欣喜得如获至宝。盘腿，静坐，闭眼，一吸一呼间内在的探索之旅就开始了。为了让女儿用一种更放松更没有负担的心态来接触正念呼吸，我事先告诉她在刚开始这几秒会觉得很容易、能清楚感觉到自己的呼吸，但可能用不了多久，就分心了，迷失在自己脑海念头的世界，而忘了呼吸的感觉。但是没关系，当觉察到自己分了心，注意力被其他念头、声音或者味道吸引时，试着慢慢把注意力再带回到呼吸上去，女儿若有所悟地点点头。

静谧的夜晚，皎皎月光洒落一地，月辉中浸润了茉莉的淡香，伴着声声蝉鸣。女儿恬静的面庞在月光的映衬下更显白皙可人，纤长的睫毛不再调皮地蹦来跳去，鼻息在胸腔起起伏伏中一呼一吸交替着。时针在昏暗的光线中默默旋转着，十几分钟后，女儿说困了，一会儿便酣然入梦。朝阳透过碧纱，鸟儿啁啾，一枕安宁，竟不觉已然拂晓，神清气爽。女儿兴奋地和我分享着她一夜好眠的激动舒爽，惊讶于正念呼吸的神奇，还央求我继续陪她再练习。我笑而不语。

盘腿，静坐，闭眼，呼吸，配上柔缓的音乐，睡前 15 分钟的正念呼吸成了我和女儿最美好的亲子时光。也许，最好的陪伴不止一块甜腻的蛋糕，一份精美的礼品，一张游乐场的门票。同呼吸，共乐趣，逆难而上，是成长中真正需要的养料吧。连续 10 天的练习，女儿渐渐能独立入睡了，一改垂头丧气的萎靡，神色精神了许多。我笑问她的秘诀，她思忖半晌后认真地告诉我，最开始练习时，只是觉得这样的吸气呼气有如释重负的感觉，然后反复的吸气呼气让她觉得有些疲倦，人感觉乏了也就睡着了。当全神贯注地将注意力集中在吸气上时，她觉察到自己的鼻子、手、身体都被房间的书桌、椅子、书架上心爱的漫画书、娃娃等熟悉的事物紧紧地围绕着，一吸一呼间就能觉察到桌椅的淡淡木香，书页中幽幽的墨迹，娃娃精致细腻的裙衫……同样的地点、时间，不同的是每一次的感受，有时是欢喜、温暖、感动，有时是惋惜、期盼和不舍。纵使感受万千，实际却是一次又一次丰富、加深内心深处安全感的过程，因而放松的身心不用时刻保持惊醒的状态，入睡的状态也就越来越好了。

女儿的感受让我顿悟，大千世界百杂碎，生活不就是在"山重水复"

中焦急挣扎，又在"柳暗花明"间豁然开朗么。女儿虽有一个人入睡的决心，但内心也有躁动不安的恐惧，悄然间，正念呼吸似一颗定心丸，平静了内心，安抚了情绪，也把虚幻的恐惧连接到了真切的安心上。一切都那么顺其自然，又那么出其不意。正念呼吸如同夏日傍晚的一场及时雨，一念清净，浮云顿开；一雨洒落，纤尘尽除。呼吸是一直都在的，内在觉醒力量也一直都在。当你迷失徘徊的时候，试着正念呼吸；恐惧不安的时候，试着正念呼吸；忐忑焦虑的时候，试着正念呼吸；垂头丧气的时候，试着正念呼吸；怒不可遏的时候，试着正念呼吸……也许就沉淀了那份无惧困惑的淡然，鼓起了乘风破浪的勇气。

感恩正念，我原想收获一缕春风，你却给了我整个春天……善待、善护这一念呼吸。

当下·空间·自由

陈文雅

> 游走于头脑中的漩涡，却忽略了每个当下的鲜活。
>
> ——题记

昨日重现

"又要去上课了……"我拿着笔记本，迈着沉重的步伐，脑海中回荡着学生们的样貌，有气无力地走在教学区的路上。

这是我很长一段时间以来的写照。

曾经蓬勃的朝阳为何变成了夕阳？

走进教室，有的同学放下纸笔在等待，有的在聊天，有的自顾自写作业，有的目光呆滞地盯着我……我环顾四周不作声以示意学生收敛身心，待班级安静下来，在毫无波澜的机械化问候后，课堂开始。在前几节课上，我充满忐忑，心中想着环节顺序，脑中搜索着教案中写过的过渡与总结性话语，这时一旦发生一些意外，就很可能会短路。在后几节课上，重复的教学会让我失去激情，听学生回答时也只是片面关注我想要的信息，然后套入既定的语言。久而久之，学生们的课程兴趣减退了，也渐渐出现了如

陈文雅，杭州银湖实验学校初中部心理教师，2018 年末接触了正念教育 MBPE 四日工作坊，后参加了正念 8 周训练，感触颇深，目前在持续学习与练习正念。

上的反应。

而那时的我，只是觉得备课不容易，老师教了该教的，作为学生，无论是出于义务还是尊重，都应该认真听，听了肯定会有用。因此，面对学生这样的反应，我跟周围人抱怨着学科地位，抱怨着学生的态度和能力，抱怨着课程时间和场地安排。

那时的我活在想法、活在情绪中。带着这样的能量，我在课堂的场域中与学生相互影响着，模式十分僵化。

咦，等等，我好像变成了曾经的那些音体美老师，而面前的这些孩子不就是当年的我吗？昨日果然又重现了……这会不会是应试教育下的规律？想起这些，我又多了一份无奈。

恍然大悟

有一年，我参加了区里的优质课比赛，备课期间，我被卷进了焦虑的漩涡，活在搅成一团的头脑中，失去了跟理智和现实的连接。比赛当天也是同样的状态，脑海中只有流程，而没有空间给出灵活的反应，比赛结果也不尽如人意，这给要强的我造成了巨大的打击。

赛后不久，我参加了浙江师范大学正念实验室的地面工作坊。在那里，我第一次跟自己做深度联结，与自己待在一起，也深深拥抱了脆弱的自己。

在正念呼吸中，我离开头脑，回到自己的身体，跟随呼吸，留意到稳定的我还在那，只是我之前一直活在头脑中，遗弃了它。慢慢地，我找回了平静，其实，没有什么特别的事要发生。在无拣择觉察中，我听着周围那些未曾留意过的声音，细细体会这个世界的美好，周围的一切都按照规律正常运转着，岁月静好，只要我们活在当下，美好而丰富的经验无时无刻不在发生着。在慈悲练习中，我更是体会到了另一种与自己、与他人相处的方式。原来我给了自己太多的苛责，原来我忽略了我可以给到身边人的温暖，原来我们的行动是可以出于纯粹的善意和爱的，在听到"祝我们平安、幸福、自在"时，我哭了出来。

在这几天的工作坊中，我通过各种密集的具身体验，对正念这种注意方式进行了深度感受。正念是有意地、不评判地注意当下升起的觉察。我觉察到之前的课堂中，我只顾着游走在头脑的漩涡中，却忽略了每个鲜活的当下。因为这样，本应充满互动的课堂显得无趣，而我又将这种焦虑、抱怨的情绪不合理归因，使我的情绪更加沉重，失去了做出自由灵活反应的空间。

实战演练

工作坊后，我开始尝试将正念带入我的生活。在刷牙和散步时，我用正念的方式，训练自己与当下进行联结，感受丰富的经验；此外，我每天会花 20 分钟以上的时间做正式的正念练习，例如正念行走和正念呼吸，提醒自己用正念的方式对待生活。这样的训练能让我保持平静的状态，我也将这种反思和状态迁移到了我的课堂教学中。

首先，我希望呈现在学生面前的是鲜活的、真诚地想与他们一起参与议题探究的人，而不仅是把既定的东西教给他们的教书匠。因此在课堂上，我会将自己代入学生角色，抱持好奇开放的态度，跟着进程，在适当的时候提问，并伴随相应肢体语言和语气语调的变化。这样的举动并非刻意为之，而是伴随着投入课堂、正念感知课堂自发产生的变化。这样之后，一份份好奇和探索的欲望产生并流动起来了，学生举手发言的可能性更高了。

其次，正念还在课堂管理上给予我帮助，即带着正念觉察课堂变化，在刺激与反应之间创造善巧回应的空间。比如，有时候课堂活动中学生的兴致不高，以往我大概率是感到沮丧，不管不顾，走完流程，而现在觉察到之后我会有意识地用激将法来激发学生的学习动力，用自己的激情去带动学生，及时给予学生活动中的反馈。再比如，有的学生会产生不合时宜的言行，比起以前的瞪眼、暂停或批评，现在我会用幽默又不伤学生尊严的话语回应，中断不良反应并体现教师智慧。

最后，正念让我看到了更智慧的备课方式。以前我认为备课时的压力很大，往往会因为恐惧而拖延，又因为拖延而焦虑，而焦虑和时间上的紧迫更进一步阻碍了我的思路，导致备的课规规矩矩，缺乏新意，对学生来说吸引力也不足。我很早以前就意识到这是个问题，想着改变但又不知道从何入手。一次次的气馁、担忧和不自信，使这样的备课过程形成了恶性循环。参加正念认知疗法的课程时，有个主题涉及自我关怀。在自我祝福的环节我眼眶湿润，反省我是不是很久没有观照自己了，让自己深陷恐惧与焦虑中？

是时候要改变备课方式了。如何在提高质量的同时又不至于让自己过度消耗呢？我用了"分散学习"的策略，这个曾经熟悉的概念在此刻才终于浮现。因此我在平时就搜集资料，在头脑中酝酿，并在每周末找一家我喜欢的咖啡店将资料整合成一节课。如何避免自己上课过程中因遗忘而慌乱呢？以前的我都是在课前逐字写稿，通过觉察我意识到，这样会使信息庞大又相互干扰，导致记忆负担与心理负担变大。现在我会写大致的课程框架、关键的引导语，但必写设计意图，以便把握方向。这样我的认知资源不会占用太多，还能用来正念感知课堂，做出上述行动。

如此，我明显感觉到与许多班级学生的关系有了改善，上课也有了更多动力，学生也会告诉我他们对心理课的期待。这学期我收到了一封卡片，卡片上写着："陈老师，我们班同学都很喜欢你，喜欢上心理课，为什么心理课才两周一节？"我也听到了课程结束之后学生向我表达的不舍。而我自己也发现，原来学生这么可爱，是我以前倾向于将课堂效果不佳的责任推给学生，是我忽视了那些美丽的存在。根本原因是，我陷入了头脑中的问题里，产生了不同形式的抗拒和攻击。

由外向内

课堂充满变数。有一次，一位学生在课上顶撞了我，让我非常恼怒又忐忑，当时我做了冷处理。课后我陷入了情绪漩涡中。比起对那个学生的愤怒，我更担心的是别的学生会看低我作为一位教师的权威，于是很多念头和情绪冒了出来。然后，我觉察到了彼时彼刻的身体反应，便尝试使自己从头脑回到身体和当下，之后便平静了一些。然后我对情绪和念头进行了识别并命名，慢慢看清了这些念头背后隐藏着的究竟是什么。学生顶撞是射向我的第一支箭，已经过去了，持续很久的是我射向自己的第二支箭。为什么我会是这样的？并不是每个人都会有这种程度的反应。这种刺激和联想之间的联系为何如此自动化？是因为之前得到过一次次的强化导致的，但每次经历的事件肯定都不相同，看来是因为我存在某些根深蒂固的反应模式吧。渐渐地，我觉察到自己似乎是"完美主义者"，希望获得所有人的认同，想到自己从小好像就是在这样的感受中长大的，这是我的"绝对化要求"这一不合理信念在作祟。渐渐地，我对那个学生的怒气消减了，取而代之的是对自我的理解和怜悯。在我不去怪罪那个学生后，我也开始思考，为何他与众不同。之后我找他谈了一次话，聆听他内心的声音，才发现这个孩子的脆弱。这也提醒我，遇到情绪反应时，要多向内觉察而不是外部归因，如此，我会获得更广阔的反应空间和自由，毕竟外部是那么的不可控。

正念使我在教学中能够更好地去觉察自己的自动反应。这种能力的逐渐培养在一些事情当中帮助了我。抛开固定模式的桎梏，每一种情绪都是向导，引领我走向更深的觉察和觉醒。

作为新老师，我对刚带过的这一届孩子有着复杂的情感，抱怨、遗憾、愧疚、惊喜、感恩……他们是我成长路上的贵人，因为这样的相处，给了我反思的空间。心育课的设计与实施还有很多地方需要改进，我愿意抱持着开放与好奇，不断探索。

第六部分

正念师说：正念教育导师心路历程

　　这部分的文字来自对正念教育团队几位核心正念师的专访。他们在正念课上常说，"我不是你们的老师，经验是你们的老师"。这是在强调正念以经验为本的学习特点。全球基于正念的课程，都将正念练习和带领者自身的正念修习视为课程中"基于正念"的基本含义，同时，教师个人的正念修习也是正念教学伦理的根基。正念的教学并非"知识输出"，更非表演，而是正念师通过自己的正念具身表现，唤醒和激发学习者本自具足的正念能力。在教学中，学习由学员自身的经验以及正念师对团体经验的抱持推动向前，但是正念师在其中仍然起着重要的作用，教师是否能够在生活中"活出正念"，对教学效果起着举足轻重的作用。所以，这一部分借由对几位正念师的访谈，让读者一窥正念师们对正念、对生活以及对正念教学的看法。

正念是盏明灯

宋晓兰

你是怎样遇见正念的？

在练习正念之前，我的专业领域是意识现象的心理学机制，尤其聚焦在自发意识体验上面。人的注意力如此不稳定，总是会东飘西荡，即使环境中没有什么噪声，心也总是不由自主地胡思乱想。这种注意力飘忽不定的现象，就是我的研究对象。我博士论文的题目是《心智游移及其脑机制研究》。做研究的一项日常工作就是读文献，去了解相近领域的同行们做了什么研究，得到了什么结果。在这一过程中，"正念"进入了我的视野，我经常在心智游移研究论文的讨论部分看到它。自然而然地，我对这种声称能够减少心智游移的训练方法产生了极大的好奇——它究竟是一种怎样的心理训练，能够通过"安住觉察"的训练，来达到减少心智游移的作用？所以，我就想亲自去体验一下正念训练。2010年，我在美国图森参加意识科学研究联合会的年会，在一个晨间工作坊上体验了正念训练。这大概是我所做的最早的正念练习尝试。后来，我自己在家里开始尝试正念练习，没有任何参考书，仅仅根据文献中对正念状态的定义——一种开放的觉察，不抓取任何经验，却又对任何经验清清楚楚。自己指导自己，开始正念练习。利用中午家里没有人的时间，我静静地坐在客厅地板上，观察自己的经验，观察经验中有什么，以及自己是如何对经验起反应的，那种感觉有点像在自己内心照镜子，只不过，镜中的影像，是我的经验。

现在我知道，我当时练习的比较像是当代正念 8 周课程在中后期才会引入的练习——"无拣择觉察"。再后来，直到参加了正念减压 3 日工作坊，以及 MBSR8 周课程，我才意识到，正念为本的训练方法，指向的并不是静坐时内心的平静，而这的确是我在自我尝试正念练习时对正念练习曾有的理解，我开始明白，正念为本的训练，指向的是幸福生活的根本——真实鲜活地活在每一刻的能力。

你是怎样走上专业正念之路的?

我的正念之路，在前期长达 7 年的酝酿和似有似无的摸索尝试后，终于突然变得清晰、开阔、方向明确了。若没有当代正念课程的启发，我是不可能在短时间内真正将我对正念的理解，与我对幸福生活的理解，自然联系起来的。而且，当代正念课程，促使我真正开始有意识地运用正念练习中积累的能力来转化、滋养我的生活。

慢慢地，正念教学的师资训练，逐渐满足了条件。我前后两次赴中国台湾地区，参加了 M1—M4 的 MBCT 师资训练，并且取得了教学资质。其实，我在拿到资质之前就已经开始进行正念教学尝试了。在同一时期，我的研究工作全面转向正念训练——它的效果、原理和机制。我对这种方法充满好奇和热忱，想通过自己的工作，用研究设计和数据，将我在正念练习中体验到的"人类意识之深邃"展现出来。回顾这一路，在学习正念的过程中，无论是做正念研究，还是做正念教学，似乎都是一件水到渠成、自然不过的事情。这个过程中，我从来没有要"刻意"和"奋力追求"的感觉。就好像水流一定会从高处流向低处一样，这个过程是顺势而为的。我想，如果有一件事情可以以这样的方式进行，那这件事情大概就是我注定要去做的事情。也就是人们说的"使命"。使命，其实不是什么高不可攀的东西，它不过是因为许多条件的汇聚，应当和可以发生在个人身上的事。这些条件中，有一个必不可少的因素，就是当其他条件将这件事送到我身边时，我发现在做这件事的过程中我能体验到意义和幸福。不是那种挂在牌匾上的意义，而是内心品尝到的"值得"。

你在推广正念教育的路上有没有遇到过困难？

在这个过程中我并非没有遇到困难，恰好相反，困难总是出现。比如，练习中的困难：我绝对不是一开始就能每天坚持静坐半个小时的。实际上，在正念练习的过程中，我会反复有懈怠、不想做练习，总觉得没时间做练习的时候。哪怕现在，在忙碌的生活中保证正式的正念练习，仍然是一件时不时会遇到挑战的事；再比如，在将正念为本的方法带入基础教育领域的过程中，更是有数不清的困难，被误解、怀疑甚至嗤之以鼻；进行正念研究，与对正念不了解甚至充满误解的同行们交流正念研究时，也会面临很大的挑战。但是，从来没有哪一次困难，让我对正念以及正念为本的社会应用产生过怀疑，从来没有一次障碍让我觉得：这件事不是我应该继续付诸努力的领域，一次都没有。对于我这样一个成就动机非常弱的普通人而言，正念相关的工作，是一件不需要任何外在诱因就能使我有动力不断去做的事，并且能在做的过程中体验到满足和深刻的安宁。我想这就是我说的"使命"的意思。所以，我的正念之路，就是这样由正念练习、正念研究、正念教学及服务铺就的，而将这些材料黏合在一起的，其实是生活本身。正念是水，我们像鱼儿一样身在其中却不自知；正念是空气，存在于我们生活的每一刻。正念不是制造出来的东西，它本来就一直存在。但是，是否能够体会到这一点，却会让生活截然不同。

你认为什么是正念？

我其实已经借助我的正念之路表达了"正念对我来说是什么"。但是，或许可以换一种更清晰的语言来描述"正念是什么"。正念是每个人身上都有的能力，我对此深信不疑。但是，人又是如此容易被自我编织出来的信念、思想甚至是知识蒙蔽的物种。所以这个能力需要人们去发现。正念可以帮助我们看清头脑中虚幻不实的认知，防止自我蒙蔽。记得一本书上说，我们每天都会去检查物质的东西，会去看看冰箱里的食物够不够，但是为什么不看看自己的内心？审视自己的心，可重要得多！但是因为内心的噪声太大，习惯性的思虑重重，会妨碍我们看清自己的内心。所以应用正念的能力，需要通过一些练习来增强。这就是正念练习的用意。借助一些工具，比如我们的身体感觉，我们慢慢地有办法去看清楚内心噪声的本质，并学习在这些噪声中平静下来，而不总是被这些噪声牵扯着到处跑，一次又一次地依据惯性而非智慧做反应。一个内心老是到处跑的人，怎么可能看清楚自己心里有什么呢？ 心里不仅有噪声，还有金子。这个金子，就是安宁、爱和智慧。在持之以恒的正念练习中，我见过这些金子，它们表现为正念练习中品尝到的喜悦和满足的感觉。当然，这并不是说每一次正念练习都是如此，困倦、不满、忧虑充斥着平时的正念练习，大部分时候清晨或夜晚的静坐回忆起来都平淡无奇。如果只有这些体验，那正念不会在当代如此流行。更为重要的是，随着日复一日的练习和在生活中提起这份觉知，我在生活的流动经验中也发现了这些金子。它们是我为家人准备晚餐，看见绿油油青菜时内心升起的欢喜；是我给女儿读睡前故事时，放声大笑的畅快；也是我和就要进入青春期的儿子发生冲突时，愤怒的情绪在体内涌动，我能够允许它们就只是这样而不会被它们胁迫着做什么的清晰感觉；更是我越来越频繁地意识到，想法真的不是事实。我能看到那些过去经常要把我拉下水的想法，像气泡一样，起来，又破掉。我也在试图以心理学实验的方法，在科学研究领域展现这些金子，目前已经有了一些结果。比如，短时间的正念练习，可以让人减少反应性攻击的倾向，更愿意帮助他人，并且更容易在一个行为冲动中停下来。卡巴金说，正念，就是以不评判的注意投入当下时升起的觉知。这个觉知，像一盏明灯，让我们发现心里的金子。

你对正念练习者有什么建议吗？

在我遇到过的正念学习者中，起初的学习动机大概有这么几种：一种是指向减压或者情绪调节这些实际的需求，一种是寻求生命意义，一种是职业技能需求，最后一种是纯粹好奇。尽管这些不同的动机，有可能对学习过程中的路径、遇到的困难以及具体练习的偏好有所影响，但正念本身是人类俱有的能力，正念练习是普世的方法，不会因为初始动机而影响它的方向。所以，我仍然有一些适用于所有人的建议，这些建议大多数指向练习中可能会碰到的障碍。

第一个建议是，信任。信任经验本身，在没有足够完整的练习经验前，不要下结论。我们可以以清晰的方式观察经验，不练习是没有机会体会的。所以，别急着下结论，别急着用"我就是做不来"这样的论调来框住自己。我遇到过这样的学员，整堂课都坐在教室后面刷手机或者冷眼旁观，最后她表示：我不需要这个。

正念师常说，蜜糖什么滋味，尝了才会知道。只是看，是"看"不到它的滋味的。所以，第二个建议，便是练习，以及在此基础上的阅读。确实有一些人，因为一些不同寻常的经历，获得了顿悟，这顿悟的指向与正念一致，比如《当下的力量》的作者埃克哈特·托利。但对于绝大多数人而言，买彩票致富毕竟不太现实。借助练习，一小步一小步地朝正确的方向迈进，才更为可靠。也许很慢，但是只要方向正确，走的每一步，都不会白费。这里所说的练习，并不仅仅是正式练习，生活练习同样重要。在练习体验基础上，选择经典书籍理解正念练习的指向和方法学，比较不容易走弯路。阅读指导正念练习的书籍，还会帮助自己萌生练习的意愿并维持练习动力。这对于将持之以恒的正念练习融入生活，十分重要。

第三个建议是，借助可靠的、有科学实证基础的正念学习程序。正念之所以流行，与它以实证为基分不开。但是，并不是所有冥想都叫正念，正念也并不仅仅是一种寻求内心平静的练习方法。减压已成为社会的刚需，层出不穷的冥想类产品多得让人眼花缭乱。因此，在选取学习课程的时候，要多多留意课程背景和师资。

第四个建议是，一定要记得，平静、愉悦的体验，并不是正念练习的目的。尽管它们的确是正念练习的副产品。但是，若将这些副产品当成正念学习的唯一目标，往往会得不偿失。正念练习的意图是觉察，而觉察到的内容是我们无法规定和预设的。当练习没有带来自己"想要"的体验时，记得这一点特别重要。

第五个建议是，慢慢来，保持耐心。请记得，摆正方向比快速前进要重要得多。总是想要快一点，是这个时代的惯性。若方向不对，越快的速度，反而会让自己失去越多。

正念是一盏明灯，使我们时刻记得检查内心，不至于迷失在对结果的过度追求中。若练习中碰到困难，请记得这一点，点亮这盏灯，看看自己需要什么帮助。带着耐心和信心，去寻求能够支持自己练习的资源，比如，借助团体的力量，相互支持维持练习（研究表明这部分是非常重要的）；或者，阅读那些先行者们的文字。要记得，困难和障碍是正念练习的一部分。一件事若不需要直面任何困难就能完成，那么这件事大概也是不值得去做的。

正念若水，润物无声

曾 静

"我个人的正念之路，放在一个更大的视野下，可能也是许多人、许多生命所经验的成长历程。心是相同的，苦是相通的，正念为我提供了一条新的路，开了一扇新的门。"

你是怎么接触到正念的呢？

这要看我们怎么界定正念，如果把正念理解为觉察的话，我们很早就在生命经验中与它相遇了。从书籍上接触传统正念，开始于我的大学阶段。当时一位学长赠送给我一本蔡志忠的漫画《庄子》，其中至简、灵动而深邃的意境，很吸引我。由这本书，我后来又找了一些相关的文化经典，读到里面的一些精彩的部分，有时会"啪"一下，让我跳出原来的思路，像脑筋急转弯一样，这让我觉得很有趣。但当时更多的是将其体会为一种意境，并未觉得这些会和我的生活有什么关联。

正念带我走出困境

真正开始有意识地练习觉察，是从 2005 年开始。当时我正陷于一个心

曾静，北京大学医学部正念教研组负责人，医学博士。正念认知疗法（MBCT）师资（英国牛津大学正念中心 6 阶师资），正念减压课程（MBSR）师资（美国布朗大学正念中心 TAI 师资），正念教育 MBPE 项目联合发起人。

理困境中，处在一个短暂的焦虑和抑郁阶段。觉察帮助我走出了困境。以前，我的个性中有追求完美的部分，目标导向，擅长思考，靠思考来解决大部分问题，而且以为在一条"正确"的道路上走到极致、走在前面，我和我的生活就应该是好的。而那段心理经历，颠覆了我的认知。研究生阶段课题压力大，同时也有一些其他的问题，导致我特别疲惫，对自己有很多的否定。甚至出现了失眠、选择困难的障碍。去医院检查后，我被确诊为重度焦虑和中度抑郁。这些外人是很难感受的，表面看起来我没有什么不一样，甚至大家觉得我什么都挺好，有什么可烦恼的呢，可我自己像被封在了一个壳子里，掉进了一个深洞里，不断挣扎着，就是出不来。生活要不断往前跑，我要追逐一个一个目标，每一个目标达成时会有成就感，但是我发现那种成就感已变得越来越短暂。我内心的迷茫、束缚、那种空落落的感觉很真实。要一直这样下去吗？我知道这个状态不是我想要的，但是我又不知道自己到底要什么。我那时候给自己做了个比喻，感觉自己像马戏团里的小丑，手指上转着所有的盘子，哪个盘子都不能掉下去。我不断地思考自己怎么了，为什么会这样，并试图挣扎出来。我能连续几天彻夜难眠，白天也昏昏沉沉，我也知道自己就是想太多了，但根本停不下来。

后来可能出于自救本能开始尝试跑步。跑步所带来的，出乎我的意料，跑之前我的状态已经很疲惫、很痛苦，跑就更痛苦了，又是喘得厉害，又是身体上各处疼痛，但是它很意外地让我把注意力放到了身体上。我开始关注我的呼吸、身上的各种难受、跑动的脚步。并且慢慢地，我发现我能意识到脑海中出现的负面念头，并告诉自己，先别去想它，继续跑步。现在回想，那就是我最早开始的有意识的正念练习。跑了几天之后，脑子里面的想法有所减少，跑得累了后，回宿舍倒头就睡。每天跑20圈，这样坚持了不到两个月的时间，我的身心状态发生了特别大的变化。精力完全充沛，原来的负面想法也都不见了。原本我的研究生课题已经面临延期的局面，经过这两个月后，我的头脑变得特别清晰，大概花了一周的时间课题就完成了。回过头来反思是什么帮助了我，就是这两点，一是运动，二是觉察。从那时起，跑步和觉察变成了我生活中的习惯。而这段经历也对我的医学学习产生了很大的震动，我第一次意识到，病真的是可以由心造的，仅仅是念头想法，就可以凭空创造出抑郁症。这段珍贵的经历，成为我向内探索的开端，也成为我理解现在大学生心理和许多陷入抑郁的朋友的身心痛苦的基础，从自己的"掉进去"和"走出来"的经验中理解了为什么觉察可以用于疗愈焦虑和抑郁。

正念让我照见自己

到 2010 年，孩子逼得我不得不再一次成长。我的儿子那时 3 岁，自由又执拗，在很多人的眼里，是蛮让人头疼的小孩。我很确信孩子没有问题，但是在和他共处时，我很难处理自己的情绪。从了解孩子的学习教育开始，我也旁生了对自己的兴趣。一个生命是如何长成的，我为什么成了现在的我？我身上的优点来自哪里？我身上的短板和恐惧来自哪里？我接触到了《教育就是解放心灵》《告别自欺欺人的生活》《救救孩子，还是救救你自己》等书，这些书有如醍醐灌顶一般，让我看到原来我头脑中的小世界是那么的狭窄。

生活中有很多关系中的问题原来都可以溯源到和自己的关系，但是外显出来，是和孩子的关系，和爱人的关系，和公婆、父母的关系。我开始借助觉察，了解自己的想法、念头和感受，把注意力放在我的内心，放在我的感受上。这样练习一段时间后，我好像逐渐进入了一个人的世界，整个世界只有我自己一个人，整个世界都是我的回响。我发现我始终可以作为旁观者旁视所有经验的流动。这个旁观者更博大，更稳定。比如和爱人争吵，当他说的话刺激到我心里面时，一方面，我很不爽，想要反驳，这是一个我。同时还有一个"知道"这个状况的我。我在这个"知道"里可以"看到"一切，发现我要面对的无非是他说话时我的感受和反应。以前以为他不好，或者自己不够好，而所有的一切不过是我的体验，我只要去学习如何面对我的体验。这些体验的背后是根深蒂固的认知。关系中的很多纠缠都源于我内心深处的某个需求没有被满足。以往我会觉得我是在给予，我是在付出，现在才明白，我是在做交换，是在索取。这是一个很大的转化，从此，我开始密集练习，每天觉察自己的想法、情绪，也开始写觉察日记。生活中的烦恼开始如线团一般慢慢地拆解开来，一切开始豁然开朗。

当我看到自己的需求之后，就可以自己关爱自己，也会慢慢了解对方的需求。有了这些看见，就多了理解，多了悲悯。曾经在一次大哭之后，仿佛有另外一个站在高处的自己看到下面哭泣的自己，那个为了得到认可，做了很多不想做的事情的自己。这次"看到"之后，我对自己的苛求一下就少了。在觉察中后退一步，好像看到了很多事情的因果，不再只在一个断面上看事情，好像一下就理解了很多人。我的心态平和了很多，生活中的关系也舒展了。我的一些慢性疾病的症状，竟也不知不觉地消失了。

你为什么会爱上正念呢？你认为正念是什么？正念是如何成为你的事业的呢？

随着生命状态的转化，我越来越想把更多的时间都用到练习觉察上，让觉察成为我的全部，成为一个我终身都在做的事情。我开始思考怎么把觉察融入我的工作中。2016年，一个偶然的契机，我在国外旅行时，从一个群里转发的信息中发现了科学中的正念，如获至宝。原来已经有了科学中的正念啊！回到国内，我就开始寻找正念的课程，恰好国内第一期MBCT在招生，随后又有了师资培训，我就一路学下来，像找到家一样。第一次正念大会，看到很多同行，我感觉非常开心。第一次接触到介绍MBCT的书籍时，我很震撼。我发现在自己走出抑郁困境历程中很细微、很个人化的部分，书中已经用科学的原理和语言，在很宏大的视角下描述出来了，而且有临床案例的验证。关于正念的疗愈机制，那些微妙的、我能模糊地感觉到却说不清楚的东西，也已经有人用科学的语言清晰地把原理阐述出来了。我生出深深的敬佩之情。而科学的精神和正念的精神于内在也有着契合的部分，充满着对"如是"的客观与谦逊。2017 年，我开始带领正念团体练习。这给了我另外一个视角，可以看到人群中各种各样的个体，再次感受我们所有人都一样。无论他的背景是什么，经历是什么，表现的形式是什么，心的运作机制都是一样的。看到学员，也是在照见自己，看到自己不同层面的呈现，带领过程也就是自己持续修习的过程。

我喜欢正念的清淡和独立，它把力量直接交给你自己。有很多方法也很好，但也有许多是"以幻治幻"。透过另外一个故事，把你从一个故事中解救出来，然后可能还要借助一个媒介，比如他人的力量。

正念的美好是这样的，它从最开始就把力量交给你自己。授人以渔，让你自己去发现自己本有的能力，它对每个生命的内在完整性给予最充分的信任，从根源上告诉你，你本来就很好。正念很清淡很柔和，似乎没有让人觉得波澜壮阔的、大喜大悲的东西，当然练习时可能会有这样的情绪出现。但总体来说，正念润物无声，它隐而不显，就像纯净水，它可以包容一切。它有"上善若水。水善利万物而不争"的特质，它无为而无不为，就像有位老师说过的一样，"正念不需要进入你的故事，但可以教给你怎么终止你的故事"。在带领团体时，正念是同时滋养自己的，这个能量总会回来。带领者越在当下滋养自己，学员就越能受到影响，它没有强烈的关系上的拉扯。正念会像水一样，在练习中把我们都清洗干净。

在这条道路上，我遇到了很多志同道合的伙伴，他们都怀有对正念很深切的热爱。我也很感叹正念的感召、净化、适应的能力。为什么我们愿意亲近正念，我想是因为我们每个人内心都本就有正念。虽然有时可能被隐藏得很厉害，但是正念一直就在我们的内心深处。不管一个人有什么样的习性和特点，我们内在都和正念相通。这也是当代正念能拨动那么多人的心弦，在大众中得到传播的原因吧。

你在正念学习的过程中有没有遇到过什么困难？你有没有什么关于练习的忠告？

只要不断的练习，很多问题就会迎刃而解，而且不一定是问题解决了，还可能是问题消失，不再认为是有问题了。正念的七个态度，就是帮助我们时时反省自己。正念学习者需要在不断的练习中，不断反思，不断贯彻。比如刚开始练习的时候，我们都会要么太过努力，要么懈怠，这都是很正常的。太过努力的话，就是把以往的目标模式又放到正念上来了，求一个结果，求一个目标。我们不把正念外化成一件额外的事情，把它融入生活当中就好了。生活中都会有挑战，不如就把生活中的挑战作为正式练习的对象。当把挑战作为练习，真正从中出离，那份喜悦会不断地激励你持续练习。所有的困难都是练习，生活就是练习。生活中遇到的困难，恰恰就是练习的机会。如果说有什么关于练习的忠告，那就是持续觉察，它既是起点，是方法、路径，又是终点。

正念，"空"之为用

郭海峰

明媚的夏日午后，郭海峰老师坐在他苏州家中的凉亭里，我听着老师娓娓道来正念的故事，偶尔还有悦耳的鸟鸣与倒茶呷茶的声音传入耳中，这是一个正念的时空。

你最初是怎么接触到正念的？

我最开始是通过阅读来了解传统正念的。当时我和几个小伙伴都还很年轻，20岁左右，自发形成了一个小团体，在工作之余，定期进行正念练习，通过练习获得一种心的安定。传统的正念，让我们树立起了净化内在、追求独立人格的目标。后来我到苏州学习传统正念。

2010年左右，我在新华书店读到卡巴金老师的《正念：此刻是一枝花》，看到这位外国人对传统正念的理解如此到位，语言也很通俗，我便开始关注当代正念，也开始关注传统正念与当代正念的连接、正念与社会的交流。2011年，卡巴金老师第一次来中国介绍MBSR课程。第二站到了苏州，这给了我与大家一起接触当代正念的机会，现场聆听卡巴金老师的介绍后，我又追随他去上海两日工作坊进行了后续学习和交流，从这时起，

郭海峰，水滴正念创始人，美国加州大学医学院正念减压（MBSR）师资，正念教育MBPE联合发起人，有近三十年正念修习经历。

我开始系统学习MBSR。2016年，经过几轮专业培训，我成为国内第一批MBSR师资的一员。

你如何看待正念的学习与生活？

我其实没有花非常多时间来阅读，但是会花许多时间来实践，比如观察生活。我有一个很大的感触，我们学习的内容要应用在我们的身心上。这也包括传统正念，它最核心的效用是让我们的内在有一些改善和转化。一些古今中外的圣贤留下的文字，核心意义也是让我们的内心更平静，人与人的关系更平和。我从书本上看到的是概念，从老师的身上看到的则是真实的诠释，让我相信这就是我们说的"知行合一"。传统正念文化里，有它顶级的思维，也有它朴素的需要。在一般的语境中，人们愿意把传统正念的文化层次看得很高，但事实上，它更多的是关注生活的每一个细节，关注柴米油盐这些平常的地方。今天，正念在西方被挖掘、被传播、被认同，也是因为它恰恰关注了这个核心点，它不是纯哲学，它很务实。从开始出现的那一天起，它就承担起了面对苦、转化苦的任务。卡巴金老师在医院里最初工作的对象就是慢性疾病患者，他用正念去帮助患者面对痛苦，从而去改变患者和痛苦的关系，所以他那本书就叫《多舛的生命》。正念，是属于心的工作，和外部世界一样，需要导航。在课程训练中，要有导师的带领，用经验来指导，导师会推荐给学员一些书，从概念上对其加以指导。一些正念的理论能带我们了解心理路径。另外，同伴之间的交流，也是不可或缺的。

正念就一定要静坐吗？

不一定只有在坐的时候，才能体现稳定、统一、整合的状态。但我们也离不开坐，就好像内容需要一个形式来呈现。比如喝茶时使用杯子，杯子是需要的。当然，你也可以换其他的容器。坐着，身体成为盛放心情的容器，身体可以涵容心情，允许不同的心情在身体上呈现。无论在传统还是当代正念中，坐姿正念都是一项非常重要的练习。因为人在坐的状态中，身体是平稳的，身体的平稳反映了心的平稳，身体的能量是通畅的，而且容易与外部自然呼应。尤其初学者，心很容易受外部影响，所以我们把它作为一个基础。从文化层面上，古圣先贤都很讲究坐，无论是道家还是儒家。随着练习的开展，心的平衡性、专注和开放可以延伸到生活中的一些活动里。我们不仅在坐的时候有觉察，走的时候也有觉察，坐和走在切换时也能保持平衡。

你有吟诵的雅好，吟诵与正念的关系是什么？

声音发自内心，应该与想法统一。如果语言是真诚的、温暖的、平和的，给人的感觉也会是关爱的、愉悦的、安全的。而音乐的特殊性在于，人类容易在无意识中通过音乐来互相沟通。音乐有渲染性，也具有迷惑性，会把人"困"在那里。大多数音乐都是情感的流露，人们会在某个点上共鸣，是因为它碰触到了一些彼此共通的东西。这个时候，如果我们有觉察，我们就不会在这个点上卡住，会更容易走出来、转化它。现在有很多人用不同的艺术形式去传播正念，值得注意的是要用正念去驾驭艺术形式，而不是任由觉察被形式所带跑。有时候，我自己喜欢哼一哼歌，它是我自娱自乐的一种方式，出于内在的一些情感的调节和转化的需要，这种方式对我来说蛮管用的。教学中我也会偶尔使用一下音乐，我会先评估大家的状态是否合适，因为大家没有做好准备时，很容易被音乐带走。吟诵是很自然发生的，是对内心的熏陶。曾经有一个正念团体请我吟诵苏轼的《定风波》。在这首词中，我们看到了苏轼应对人生中的"不堪"的方式。带着觉察，他一边唱一边走着，从容不迫。我们欣赏苏轼的生活方式——淡泊的生活、简单的人际关系、少欲知足。他让我们看到原来人可以这么自然地活着，不需要戴很多面具，不必"长恨此身非我有"。当然，每个人内心可能都希望过"小舟从此逝，江海寄余生"的生活。同样，通过吟诵，我们能看到一种理想的生命状态，从而达到见贤思齐的目的。

你是怎么爱上正念的？

在最初接触正念时，我很焦虑，也有躯体反应。随着练习的开展，我意识到用一颗什么样的心去生活，身体就会有什么样的反应。于是，我试着去调节它。在练习的过程中，我渐渐产生了一些对生命的理解，对于发生的一些事的感受和情绪，让我意识到身心是如此神奇。当我们不会使用它时，可能会被困住，我很好奇所以会再去探索它，就像一扇门被打开，你很想去一个新的地方看一看不同的风景。我也会很好奇地观察他人，一个人为什么呈现为他的样子。一路走来，不紧不慢，也没有特别努力，但是一直在验证着。值得庆幸的是，我遇上了很多好老师，他们不仅从技术上指导我，更多的是让我看到一颗心经过训练是可以被改变的。经过数十年的训练，那些老师身上有某种鲜活的力量。我会在他们身上看到正念的具身体现：有的分析事物很敏锐、直观，有的很慈悲、包容，有的幽默、风趣。看到他们活出了那种样子，我才相信原来这种生活状态是有可能达成的。于是，也信任了人世间的美好。有一面镜子让我看到，然后让我信任自己也可以成为这样子的人。有时候会觉得，当我在说某一句话时，呈现出来的是某位老师的影子，脑海中会浮现出他的形象。老师的作用非常大，在正念的训练中遇到一位好老师是非常珍贵的。如同一匹普通的马，可能会被驯马师训练成一匹优秀的马。我很感恩我的老师。只要想到老师，内在的美好的部分都会升起。比如我们在做慈悲练习的时候，需要有一个非常稳定的客体，一想到他心中的情绪就会自然流露。

你认为正念是什么？

正念是我们生活的一种方式。通过它，我们更多地"活着"，而不仅仅是"活的"。人心的目标和方向，以及我们如何使用心很重要。当人们都往外面追逐时，那么平静几乎是不可能的。我们很忙，连呼吸的空间都不太有，和我们的心没有连接，不知道自己的心在哪里。如果我们知道自己的心在哪里，至少还会给自己一些慢下来的机会。与其想着去改变环境，倒不如从改变自己开始。留出一点时间和空间给自己，陪自己坐一会，哪怕一天只花十几分钟，养成一个习惯。当稍微静一点时，我们就会发现，除了每天关注的事情，生命中还有很多重要的事。如果一直奔跑的话，就有如一池水一直在波动，我们看不到里面的东西，看到的都是波涛。当我们慢一些，才会看到原来里面还有一些其他的内容。虽然会损失一些，但是世界上的事就是这样，有得就有失，关键是你要知道自己想要什么。

你能给正念练习者一些建议吗？

我们在练习正念时，要忘掉自己是一个正念练习者，不要给自己贴上正念练习者的标签。我们要有独立思考、独立实践的能力，要体验独处的智慧，就必须独自去完成。通过了解，去信任老师。但老师也无法迅速改变你生命的全部。刚开始练习时，也许会经历一些不舒适，这不是你有问题，或者正念有问题，有很大一部分原因可能是你正在面对生命的真相。慢慢来，不要太着急，哪怕只有几分钟的时间，慢慢开展，持续地开展。正念其实不复杂。只要吃好了，喝好了，休息好了，就够了，但在吃、喝和休息的时候，请尽量带着觉察。其实生活中的很多问题，都是我们吃饭时不认真吃饭、睡觉时有很多想法、不能保证睡眠的时间和质量带来的。我建议大家选择与我们身体相适应的饮食与作息方式，锻炼的时候带着觉察，要过有规律的生活，并且要善待自己的身体。用平常的心态，过简单的生活。

正念的根本是教育

楼 挺

你是怎么接触到正念的？

作为一个极为热爱中国传统文化并受其熏陶的人，我很早就开始学习传统正念，并在很长一段时间里深受其滋养。初中时，我的班主任教过我正式的正念练习；高中时，我的武术老师向我教授了传统武术中的静心之法；大学时，我接触到太极中的正念，并接受了长期的训练。2013年6月，我正式师从一位传统正念师学习正念，学习一直持续到现在，对我产生了非常重要的影响。2015年，一位正念师送了我《正念疗愈力》《当下，繁花盛开》等书，我开始了解当代正念，并对卡巴金产生了浓厚的兴趣。2016年底，我正式接受正念师资的训练，开始了当代正念的学习，包括各种工作坊、止语营、正念师资培训等，感觉自己从此一发不可收，彻底地爱上了正念。回想过往，正念是一直伴随我成长的。在我人生非常困难的时候，正念帮助我渡过难关；在我人生非常迷茫的时候，正念给我指明了方向，让我走上一条光明大道。

在正念学习过程中，让你印象深刻的是哪个部分？

在2016年的一次5天止语练习中，我真正地把心沉淀下来了，这仿佛为我打开了一扇心性的大门。通过正念师的带领以及之前学习的积累，心性内在的能量得到释放，我的心有所突破，看到了自我心性中光明的闪现。

2017 年初的正念减压工作坊，让我进一步学习了与压力、困难和痛苦共处的正念训练法。那段时间，我的人生非常困苦，我觉得是正念真正帮助我渡过了难关，这是让我印象非常深刻的经历。

你有练习武术和太极拳的经历，而正念的止语和身体扫描是相对较静的训练，你怎么看正念体验的动与静？

从现象的层面看，这是两种相反的状态，但无论从正念的角度还是武术的角度来讲，它们都是统一的。动中有静，静中有动，动极生静，静极生动。老子说："孰能浊以止，静之徐清？孰能安以久，动之徐生？"这是太极的精神，也是正念训练的根本所在。太极是宇宙和谐运行的底层逻辑与系统。我个人的体悟是，太极中饱含着正念的精神和核心元素。这里讲的太极，并不等于太极拳，而是指流淌在中华上下五千年的一股智慧的洪流。万物负阴而抱阳，冲气以为和。

你认为正念是什么？

正念，首先是每个人本来就具有的一种意识心理能力。这种能力的本质其实就是觉察，一种没有评价的觉察。克里希那穆提说："没有评价的觉察是人类智慧的最高形式。"对此我非常认同。正念几乎是人的创造力和其他能力的基础。人正是因为拥有正念的能力，才创造了文化、艺术、宗教、哲学，创造了这个文明的世界。所以，并非正念源自任何的哲学或宗派，而是这些哲学和宗派源自正念。正念与文化形态之间存在体用的关系，正念是体，各种文化形态和传承是用。现在有些人对正念缘起持有惯性的不合理认知，认为正念源于佛教或者道教，这其实是颠倒的，混淆了正念的本质属性，这对正确认识正念是一种障碍。举个例子，现在瓶装水市场上有某山泉、某师傅等品牌，这些品牌生产的瓶装水销量非常大，也很受老百姓欢迎，但是我们不能说水源自某山泉，源自某师傅。

另外，正念是一种生活方式。它基于当下的真实体验，并提醒我们每时每刻都要在真实的世界内。这个世界就在此时此地，所有的发展和转化都在这一刻发生，不在过去，也不在未来。我们如果能够把这一刻全身心地活出来，一刻一刻地让人生展开，那么我们才有真正的基础、真正的希望。

正念还是通向人类真正的幸福和健康的必经之路。这个幸福是超越愉悦和不愉悦的体验感受（苦乐经验）的。一个人在恶劣的生存条件下，在物质不丰富的现实中，也有幸福的可能。在苦乐交融中孕育着幸福的种子，当我们能突破经验的表象时，我们时时刻刻都可以幸福。正念是通往人的终极幸福的根本途径。

你是怎么爱上正念的？

这个问题好像一言难尽。如果从主体和客体的角度来讲，正念这项训练对我的帮助非常大，改善了我的健康状况、关系和事业。

首先，正念改善了我的身心健康状况。正念对我的转化是从身体开始的，之前我的身体出现了各种问题，经由正念的训练，我开始真正尊重自己的身体，开始与身体有更多的联系，开始慢慢学习真正地照顾和爱护自己的身体。慢慢地，身体的问题一个个减少了，人也越来越健康，越来越干净，身心也越来越轻松。

其次，正念帮助我转化人际困境，提升人际关系的品质。正念对于关系的转化是非常根本和超越二元对立的。卡巴金老师说："正念就是觉知和关系。"我深表认同。当一个人陷入人际纠葛与压力中的时候，会启动一系列的惯性反应，这些惯性反应非但不能解决问题，还会让问题更加严重，让关系更加恶化。这是因为我们经常处在一个二元对立的模式中去处理关系，这经常让人进入死胡同。正念训练可以启动人另外的能力或状态，指引我们切换到体验和存在模式。这会让我们感受到人与人之间的共通性，而非对立性，这种对人与人共通性的直觉体悟，可以指引我们超越人我的对立和对抗，引发出一种对所有人或生命的慈悲。慈悲是化解所有人际问题和情绪问题的根本解药。

最后，正念让我看到了毕生的使命。原来的工作让我身心很疲惫，走的路与我内心的愿望相距越来越远。正念让我看清了这一点，并给我力量和勇气做出了艰难的抉择：从稳定的岗位上裸辞，一穷二白，投入学习和推广正念的事业中。在这个过程中，我逐渐克服了恐惧、焦虑，克服了很多心理障碍。慢慢地，我现在能够感觉到：我每个当下的工作都是非常有意义、有趣和有价值的。通过自己的练习和实践，活出正念，并尽可能地去惠及他人——这是我迄今为止从事过的最幸福的工作。越来越肯定的是，我找到了自己的使命。

其实，从另外的角度来讲，爱上正念这个问题是不存在的。因为正念是每个人本身都具有的一种意识心理能力，爱正念也就是爱自己，爱自己本来的状态、光明的状态。谁不希望活出光明的状态，释放人性的真善美？在历史的长河中，很多榜样为我们指明了方向，包括孔子、老子等。他们存在于我们每个人心中。在人性光明的层面，我们跟这些圣贤没有分别，所以没有主客之分，没有人我之别。对正念的爱，是发自内心自然而然地对自己的爱，以及对光明人性的爱。

你为什么会做正念教育呢？

从微观的层面讲，那时候我的儿子刚好上小学，我对基础教育的关注会多一些。越关注，越担忧。看到一些教师深陷于负面身心状态、压力状态中，孩子们也饱受压力和痛苦的折磨，我就想通过正念去帮助教师们和孩子们改善身心健康状况。教师们处在高度紧张的状态，他们不缺知识和道理，但是缺少精神层面的支持，缺少真正的爱和理解。而正念是性价比很高、安全可靠、具有科学实证支持的一种心理疗法。从宏观层面来讲，我感受到了正念改善教育生态的巨大价值和潜力。目前教育存在"内卷"现象，与真正的社会发展和未来需要不协调。教育内卷会消耗家庭、社会和国家巨大的资源，而正念可以改善这种内卷化的教育生态。所以，正念可以从微观和宏观两个层面来改善教育生态，这是非常可贵的。看到这些以后，我当时几乎是义无反顾地投身到了正念教育的工作中。

你能给初学者一些建议吗？

第一，把正念作为照顾自己的行动，而非任务。

开始学习正念时，我总是会处于一种"任务模式"，这其实会让自己压力很大。生活和工作的任务本来就很多，现在又来了一个"正念练习任务"，这不是自找麻烦吗？可是经由实际的体验，你会发现每次正念练习都是安稳身心的机会、照顾自己的切实行动！慢慢地，这种经验会促使我们与正念练习的关系发生变化，让自己从任务模式中出来，进入到"用正念照顾自己"的通道中，这样的话，越练习，自己会越受用和越被滋养，也会让正念练习变得有趣，这是非常明智的选择。

第二，遇到困难时，学会接纳。

练习中遇到困难，或者在状态低迷时，用正念的态度接纳自己，这比什么都重要。正念练习中的困难，并非正念练习带来的，而是生活中困难的显现。生活中的困难和压力就是一茬一茬的，不会消失。学习在练习中与困难共处，就是学习在生活中与困难共处。这份"共处"的力量非常的巨大。在共处中，我们学习接纳自己如实的经验，透过每个经验去关照自己，并进一步培育智慧和慈悲——这真是困难带给我们的无价礼物。

第三，服务社会是正念根本所在。

正念练习有时候会给人带来很美妙的体验或状态。如果用正念来追求美妙的静坐体验，追求某种境界，那都是游戏，都是个人的执着在作祟，这是很容易走到偏路上去的，是走不通的。而全身心地去服务他人和服务社会，可以帮助我们从以上的泥沼中走出来，重新回到正念的光明大道上。正念的觉察让我们慢慢认清的一个事实就是：别人的幸福和快乐跟我们是息息相关的，当我们对人类的整体性有更深刻更真切的认识和体悟的时候，服务社会、服务他人，是一件自然而然的事。这种全然服务社会的精神与行动，会让我们收获更深远的正念练习的体验和领悟。在这里，人与人没有区别；在这里，我们会连接到巨大的资源；在这里，我们会体会到真正的自由和幸福。而"这里"究竟是哪里呢？其实，"这里"就是当下，"这里"就在此时此刻。

这就是我体会到的正念，愿与各位共勉！

正念是位智者

杭 凯

你是怎么接触到正念的？

我在医院工作了大概有十几年的时间，直到 2002 年，做了晚间节目《金陵夜话》的主持人。节目中有一个与听众连线互动的环节，很多年长听众会在节目中和我分享自己的痛苦、烦恼和快乐。我当时内心有一个困惑："怎么帮助自己和他们走上更幸福的生活之路，活得更好。"然后我经常在网上搜索相关信息，猛然间看到一篇 2011 年卡巴金教授来中国传播正念的新闻稿，其中描述的葡萄干练习，一下子触碰了我的心。从那个时候我就和正念结缘了。我觉得正念一定能够帮助更多人，我要去学习它，我要去体验它。2013 年，卡巴金教授正好在北京举办师资班的教学，我正式开始学习当代正念。大概经过了三四年的时间完成了正念减压的师资培训，后来陆续又学习了正念认知疗法、正念饮食以及自我关怀的师资培训。之后，我一直徜徉在正念之中。

杭凯，资深主持人，主持身心健康广播节目长达 20 年，MBSR 麻省正念减压合格师资，MBCT 牛津正念认知疗法教师，正念朗读创始人。

主持工作需要高密度的觉察，会建立很多临时的关系连接，能结合你的经验谈谈正念对你的工作的影响吗？

正念练习有一个非常关键的核心就是觉察，觉察时时刻刻都存在。在我学习正念之前，作为一名主持人，觉察于我是不明确的，或者是"浑然不觉"的。学习正念之后，我才真的觉察到我的身体和内心中正发生着什么，或者我脑海当中出现了哪些想法。在主持经历中有很多突发情况，比如话筒突然掉下来、旁边有人干扰，而且掌声的热烈程度、观众的欢迎程度等也会对自己造成影响。修习正念之后，再面对这些情况时就会想到四个字——宠辱不惊。不管什么样的变化，都可以和那个当下在一起。本来说一二百人来参加活动，结果只来了七八个人，正念也会让我接纳允许，投入活动，不受情绪影响。越是正念，越能很自如、很放松、很自然地满足内在的需要，真正抓住听众的心。接听节目热线，听众也会从主持人的全然倾听中受益，从而觉得这个主持人不仅真诚，而且真正"听到"了自己的声音。

正念学习的过程中让你印象深刻的是哪些经历呢？

2013年，卡巴金教授带领我们做正念呼吸，我的脑子时刻在"飞"，一直飘到很远的地方很难收回，还时常在心里打趣自己：来北京练"飞"了。其实那个"飞"是非常有必要的，不断地"飞"，不断地回到当下，体验什么叫觉察。卡巴金教授当时还说，在练习时跟随你的内心。你的内心想让你做什么，你就去做什么。然后我发现有人躺下了，"原来上课可以躺着睡觉啊"，我一下子释然了，也让平时严苛的我跟随身体的感觉躺下来了。那一刻，我特别感动，感觉好自由啊，以前从来没那么自由过。在接下来的几天当中，我时而坐着时而躺下，时而允许自己睡着，真正体验了什么叫"不评判"，什么叫"允许"。当时，我正好利用这个接触机会采访了卡巴金教授，感觉到了他的谦和，以及倾听交谈时全然的状态。那段采访我一直还留着，时常听听。在学习过程当中结识了很多助力正念传播的好朋友，我们这么多年来一直保持联系。不管遇到正念学习中的困惑，还是生活与工作中的问题，我们都可以彼此互动和交流。这让我想起歌曲《我和你》中的"我和你，心连心，永远一家人"。我们所有的正念师和学生之间就像一个有机的整体，彼此联系彼此温暖。正念减压师资培训特别强调体验，这给了我很大的触动，为我后期做各种减压工作坊带来了全新的方式。

你是怎么爱上正念的？

正念让我在当下自在地生活。过去的我经常被情绪、被想法裹挟，会掉入情绪的泥淖中，正念的持续练习，转变了我的身心。身心合一，活在当下，正念体现在生活的方方面面，让我受益匪浅。我在服务长者的时候，收获了掌声和溢美之词，但是这些都不重要。经常有人跟我说，"杭老师，你有一颗慈悲之心，你做了那么多好事，我要感谢你"。其实我应该感谢大家，因为我的内在的感受会更多，大家的认可和需要，带给我价值感与存在感。我的内在觉得活得很有意义，助人就是助己。

你是如何将正念融合进朗读中的？

播音界泰斗张颂教授说："朗读是一种创造，朗读不是简单地念字出声，而是有声语言的审美！"我们很多时候有这样的朗读体验：这个地方要快一点，那个地方要慢一点，这个地方要强调一点，那个地方要感情充沛一些，那凭什么这样认为呢？拿到一篇喜欢的作品，唤起了你什么样的情绪，你觉察到了什么？你可以不带评判地把这些内容在朗读中呈现出来吗？正念态度当中有初心，你能不能在朗读多遍之后仍然用初心、用第一次的感觉去感受这首诗？或者读一篇散文，我有哪些情绪？有哪些觉察触动了我哪些回忆？我的躯体又有哪些自由的呈现？又是什么阻碍了我全然释放？如果每一次朗读都能感受到，而且把它淋漓尽致地展现出来，就是带着正念的朗读。正念在朗读中给我们很多启发。正念让我们和那个当下在一起，不管发生什么，都可以接纳，然后放下，真正地投入朗读中或者我所扮演的角色的内心中去。正念朗读鼓励人自由地绽放。我们每个人的声音都有自己的故事，在我们成长的过程中，出于一些各种各样的原因，我们的声音会被塑造成不同的样子。带着正念来朗读，把结一个一个打开，把束缚一层层地去掉。有的人声音怯怯地去朗读，有的人在众目睽睽之下不敢张嘴，通过不断的觉察和不评判，他们在这个安全空间会慢慢地打开内心，在朗诵完成以后，他们的人生也会开始发生转化。

你会运用正念带给朗读学员哪些方向的指导和提升呢？

这几年我辅导过不少艺考的学生，还有参加各种比赛的事业单位团体。因为正念的加入，我对他们的培训加入了很多正念元素，不再拘泥于朗读技巧层面，强调内心与朗读作品的连接。这些学员都获得了好成绩，这要归功于他们在正念朗读中体验到了此刻当下全情的力量。朗读是皮，而心是内核。朗读者常常很外化，只是通过嘴皮子的功夫，把文字读出来。如果他们没有办法体验心和文字的连接，在朗读的过程中不能表达出自己心里想表达的感受，我会邀请他们闭上眼睛感受内心："心脏24小时跳动，它是最累的，但它从来没有怨言，你觉得它值得你爱吗？如果值得你爱的话，你就用你的心去跟它说'我爱你'。"去体验这种感觉，带入朗读中。有一首诗《面朝大海，春暖花开》，开篇第一句是"从明天起，做一个幸福的人"。有些学员只是读出来了，没有内心的感受，朗诵的不是自己感受到的。那我就建议大家闭上眼睛回到正念呼吸，感受生活中的酸甜苦辣，将诗句暂时改为"从明天起，我做一个幸福的人"。强调"我"这个字的感受，再去朗读，放掉所有的包袱，不去评判。然后把"我"字去掉，带着自己内在的感受和理解去呈现出来，最能产生共鸣。也会将"从明天起，做一个幸福的人"，改成"从今天起，做一个幸福的人"，邀请学员体验现在与未来，然后讨论。由此，他们从中也会体悟到正念的一些核心要素。

如何用舞动练习体验正念呢?

正念无处不在。舞动练习中有一个环节是与身边的物体连接。调整呼吸到自然状态下，当看到桌子，用你的手触碰桌子，当看到周围有花，你可以带着初心去触摸花，感受它，观察它，用内心的需要去和周围的物体发生关系，全然临在那个当下，允许自己有杂念，觉察后再回来，完成这一系列动作。全然投入的舞动，就是在不断训练心神合一，其实就是正念的状态。无需去想动作美与不美，所有的人都是舞蹈者。

你认为正念是什么?

正念真的就像一位智者。他会带你发现自己的想法情绪、身体的感觉，他会让你看到自己、慈悲自己、开启自己的智慧。他没有条件，只要你需要，他就会到你身边来。永远不会评判你是对还是错，他就是这样的一位智慧的长者，给你很多很多的爱。

你能给正念初学者一些建议吗?

正如卡巴金教授说的，学习正念真正的诀窍就是练习练习再练习。正念并不是一味地静坐呼吸，生活中每时每刻都可以练习：比如睡觉之前的腹式呼吸；聆听楼下汽车的鸣笛声；高歌一曲时觉察自己的身体，觉察发音的部位有什么样的感受、听着音乐想让身体流动的欲望；觉察开车时的心猿意马，恨不能长出三头六臂处理事情的那颗贪心……你会发现正念就在生活中。此外，信任是正念的态度之一。在正念练习中要信任自己，自己的感觉自己最清楚，正念练习中强调个体真实的体验，而不要偏听大师说了什么话。如果你愿意的话，可以经常带着正念朗读一些带有禅意的诗，比如宋代大诗人苏轼的《题西林壁》："横看成岭侧成峰，远近高低各不同。不识庐山真面目，只缘身在此山中。"去体验正念，感恩生活。享受正念朗读的每一个当下!

清醒地活在当下

李红梅

你是怎么接触到正念的?

我读了一行禅师的《正念的奇迹》,读来很有感觉。于是在 2015 年,我第一次去北京参加 5 日工作坊。当时我很难放下内心的激动和期待,很想让自己的生命有一个重大的变化。后来我发现这样的期待会干扰我的练习,这也是我在带课程的时候会跟学生讨论的部分。我们很容易带着对于正念的特别大的期待去练习,不容易放下这个期待,其实暂时放不下也没有关系,你只要觉察到它在那里就可以了。

你是心理学专业出身,心理咨询和正念有什么异同呢?

正念和心理咨询有很多相通的地方。心理咨询,有点像是咨询师和来访者一起来觉察。咨询师为来访者构建一个接纳和包容的空间,来访者在这个过程中也慢慢学习到对自己的接纳和觉察。正念,像是自己在为自己构建一个自我接纳、自我包容的空间,自己觉察自己。当然,我们在初学正念的时候,也常常需要一些老师的带领。

李红梅,浙江师范大学心理学院教师,注册心理师,正念教育 MBPE 核心正念师,MBCT 正念认知疗法教师。

你觉得正念容易吗？

正念，坐在垫子上时也许是容易的，但要在生活中践行正念，其实非常不容易，因为人的惯性太强了。好在可以一次又一次地重新来过，如果在正念呼吸和进行其他练习时走神分心了，那么就从当下觉察到的时候提醒自己重新开始。尤其是最近，我经常会感觉到做正念练习的时候或者日常生活的时候，头脑中有好多乱七八糟的东西，担忧、反刍、回顾……我觉得发现这一点是很重要的，这并不意味着练习失败。这时候只需要一点一点地让自己的思绪回笼。既然思绪容易丢掉，那就去培养自己更大的耐心。虽然我经常会丢掉思绪，但是正念让我感觉有了一个稳定的地方安放它们，从而能更勇于面对生活中的各种起伏变化。

你好像习惯随时用照片记录当下的生活，你觉得拍照片与正念之间有关系吗？

我是一个对于视觉的东西比较敏感的人。很多拍照的时刻，我不知道自己是不是处于一个完全正念的状态，就是比较兴奋。有时候会发现也许潜意识里面想要留住那一刻，但是事实上每一刻都留不住，只能不断地往前走。所以有时我也会提醒自己，少拍点或者拍完之后再停一下，用身心去感受一下。我印象比较深的是，有一次我走在校园里，那天的光影特别漂亮，阳光照在景物上面好像给它们镀上了一层金色外衣。那天我的感受特别强烈，但是因为手机忘带了，每一个细节我都没有办法拍出来，只能用心去记录。湖面上洒满金黄色的夕阳的光线，湖水的波纹，湖中的游鱼，颜色非常丰富。我完全沉浸在了那个景物和光影里面，觉得简直太美了。

你说过自己是容易紧张的人，怎么与紧张情绪共处？

有时候我会出去授课、做讲座，这其实对我来说是挺具挑战性的事情，因为我一直都是一个比较容易紧张的人。学习正念以后，我更愿意去迎接这个挑战。"没关系，可以紧张，也可以好奇，不知道这一次会发生什么，不知道会到什么样的情境中，会遇到什么样的人。"我七月底去上海开工作坊和讲座，其实觉得自己状态不是很稳定，去之前我心里面有一点打鼓。我就用了刚刚说到的一个态度：没有关系，带着一点好奇，不去预期它一定会发生什么，去活在那个当下，全身心地投入进去。最后的效果还不错，甚至还有点出乎我的预料。这种感受发生过很多次，自从学习正念以后，我会更多地选择迎着以前可能会害怕和回避的压力而上，这种感觉有一点点像冲浪。有一次开讲座，大厅里面有两三百名观众，我在上台之前就感觉到紧张。我就在那儿做了一些自我观察，观察"紧张"在身体层面的反应，真的很有趣。然后那天讲下来效果也很好，所以紧张不一定会有多大的影响，去观察它就好。用另外一个比喻就是，学游泳时，希望在岸上把所有游泳动作都学会了再跳进水中是不可能的，一定要先勇敢地跳进水中。

因为预见"紧张"，需付出多少额外的努力？

我会做很多的准备。对于一个正念师来说，我觉得很多时候更有效的是去做身心状态的准备，而不是说你要怎么去备课或者怎么加强内容。因为正念是一个发生在当下的事情，很难把所有的东西都预设好，而且也许一些准备并不见得合适。而如何去做自身状态的准备，除了静坐和其他练习，还有一点对我很有帮助的，就是生活练习。走在路上的时候，就一步一个脚印地走，体会脚踏实地走路的感觉。喝水，就好好喝水，去感受正念喝水。我常常会发现这种生活练习的力量非常大，正念就像一个锚，让我变得比较平心静气，每逢大事有静气。

你常做的生活练习是什么？

我特别喜欢正念行走。我常会用到两种方式，一种是把所有的注意力都集中在脚底下，然后一步一个脚印地走路，让每个脚印都在心中清清楚楚。另外一种方式就是，去体会将注意力扩展开的感受，从脚底慢慢扫描到小腿、膝关节、大腿，再到全身各部位的肌肉关节和皮肤。身体会自然而然地松弛下来，感觉微风吹过皮肤，觉察周围的声音或者色彩、光线，我觉得最幸福的时刻通常就是这种正念时刻。

正念学习过程中让你印象深刻的有什么？

有一次在校园里面散步，那天三十七八度的高温，从概念上来说，通常我们会比较反感，觉得很热，然后就会回避。但是那天，我试着放下对天气的"评判"，首先心里面有一个"接纳"的态度升起了："炎热是可以的，高温是可以的。"随后有一个好奇心升起来："我想真正地去感受一下那个高温，它的直接经验究竟是什么？"一步一个脚印地行走，脚底的触感非常清晰。校园里有很多树，走在树下吹着风，居然很舒适。走到阳光下面的时候确实很热，但当心里面有一个允许的态度的时候，好像它也并不是那么难以忍受。放眼望去，夏天的校园绿树成荫，风吹过来，树影摇晃，深深浅浅的绿色丰富可爱。我情不自禁地于内心感叹，夏天太美了。这种安然独处的感觉，让人很享受。有一次我去参加一个一日止语课程，中午吃盒饭时觉得："哎呀，每一口饭每一口菜，为什么这么好吃，为什么平时感觉不到这么好吃。"需要有福分才吃得到这样的东西吧，这个福分是什么呢？其实是这颗心的状态。静下心来一口一口吃饭，看似简单，但是事实上我自己也好，或者我观察到周围很多人也好，大多数的时候吃饭都是"吃不到的"。

你认为正念是什么？

清醒地活在当下，让注意力真的在当下。我观察到自己和身边很多人，生活中的很多时候都是处于心思飘忽的状态，而正念是回到当下的一种方式。借用一个传统的故事来形容，学习正念以前，"上山是为了砍柴，砍柴是为了烧火，烧火是为了做饭，做饭是为了吃饭"。而正念的状态是，上山就是上山，砍柴就是砍柴，烧火就是烧火，做饭就是做饭，吃饭就是吃饭，每一刻就是每一刻，没有在这一刻去想着下一刻。正念好像是一条路，需要慢慢地走下去。学习之后并不会马上有改变，也许这条路要走一辈子，我觉得它就是要走一辈子。内心需要慢慢地去澄清。

你能给正念初学者一些建议吗？

在生活中增加一些觉察，你在做什么，就把注意力放在那里，只是去体会它就好。不要急于对自己有太高的期待，慢慢来，这是一条很长的路。找到一种自己较容易坚持的方式去练习，如果每天五分钟对自己来说是比较容易坚持的，那就去做。还有一点，我觉得正念的好处还在于它总是可以一次一次地重新开始。从当下的这一口呼吸开始，从当下的这一步开始，从当下的这一口饭开始，它总是可以重新开始。

每一刻都是慈悲修习

王艳明

你是怎么接触到正念的？

2011年，我有幸看到了当时国内的一本介绍正念的书，是雷叔云老师翻译的，叫《正念》，现在译作《正念：此刻是一枝花》。也是在这一年，我申请到了一项研究生创新课题，研究正念在心理干预中的应用。几乎同时，我开始持续参加传统正念静修营。

你是如何理解正念中的慈悲的？

我在长期带领正念团体的过程中逐渐发现，所有的正念练习都是慈悲修习。练习的每一瞬间，其实都是在修习慈悲。以呼吸练习和身体扫描为例，愿意把注意力无条件地不带功利性地指向呼吸和身体，这就是一种慈悲。通常我们在行走的时候心里一定有一个目的地，如果我们放下目的性，让注意力只是回到双脚，这一刻就是一种慈悲。通常在正念行走的最后，我会把正念行走转变成一个慈悲练习，邀请学员对自己的双脚表达感激，因为我们能够健康地站立在大地之上，其实本身已经是一些大众无法实现的夙愿。所以，将注意力放在当下这一刻，本身就是慈悲。

王艳明，浙江科技大学专职心理教师，国家二级心理咨询师，MBCT正念认知疗法教师。

心理咨询师自己如何保持内心的清净？

我每周大概会保持二十个左右的个案工作量，很多都是长期的个案。咨询师首先应对自己内在的痛苦纠结有清晰的体会和感受，只有这样才能以真实的面目，而不是戴着一个面具去面对来访者，从而比较容易与来访者建立连接。我会把正念带入咨访关系中，和来访者的痛苦温柔而纯粹地待在一起。很多时候症状会发展成为一种功能性的适应，这是身心在作自我保护。更直观的体验可能是有关情绪的部分：世界上最直观的负面事物就是负面的情绪，但其实负面的情绪是我们最靠谱的朋友，因为它真实地呈现了我们的状态与内心的需要。比如焦虑，它会提醒我们有些事情没有完成。它有功能，它会加快我们的心率，让身体处在战斗或逃跑的最佳状态，在中等程度的焦虑下学习或工作效率是很高的。再比如说愤怒，愤怒通常意味着你的底线被侵犯，也有它的功能。然而，如果对负面情绪发展出习惯性的经验回避，就会导致短期的负面情绪演变成长期的心理疾患。感觉到不喜欢、不舒服，就一巴掌推开，推开的瞬间就造成了与自己的割裂。其实这些可能会让人不舒服的内在声音，都是需要我们去直面的、自己最本真的东西。所以，所有的负面情绪都有正面的功能，它们是生物进化赋予我们的最靠谱的礼物。如果没有这些情绪，你压根不知道自己内心真正需要的是什么。重要的不是没有负面情绪，而是我们要如何面对它。我练习正念有十余年的时间，但是，我还在路上，生活依然充满了挑战。我能感受到自己是在前进，因为正念的专注、觉知、慈悲，这里面有无限的空间。通过专注力的练习，我们发现念头来来去去，对这种来去变化的领悟会让人松弛下来，放下执着。但其实专注力的提升是多层次的，再往前一点，人类是可以做到"无念"的。

正念为你看待心理学和心理咨询提供了一个什么样的视角？

当带着正念视角的时候，我会发现所有的心理学流派都是相通的。无论是聚焦于处理过去经验的那些方法，还是处理当前短暂问题的焦点解决疗法等，它们都是从当下出发的。无论过去发生了什么，无论未来会发生什么，无论从哪个角度，一定是通过当下这一刻去达成去推动。真的走近一个生命的时候，就会发觉"没有不可爱的生命"。当我在工作中跟来访者的脆弱性和问题待在一起的时候，我很享受这个工作。之后慢慢地会有机会越过他理智的防御，去感觉到我和他背后的东西待在一起。那时我们之间的关系本身就成了一个容器，这个容器本身就是一种转化痛苦的力量。

可以谈谈正念学习和应用中，让你印象深刻的部分吗？

当我与来访者的关系足够让他浮现出一些创伤，但对方阻抗不愿意推进下去的时候，我会带领他做做正念练习。从他当下的状态出发，量身定制，这也算是一个与困难共处的练习。在无需倾诉和反馈的情况之下，我们一起去触碰他内心深处。这会带给他一种稳定的感觉。"看见、存在、陪伴、稳定"——当真的"看见"一个人的时候，其实是能够把评判、分析放在一边的，如果用精神分析流派的观点来讲，就是"无欲无忆"（没有欲望，没有记忆），"均匀悬浮注意"。当一个人没有戴着有色眼镜而是真的去"看见"的时候，"看见"的同时也是一种"存在"。在现场心无旁骛，其实就是一种高品质的陪伴。正念的练习非常有用，咨询师自己有必要多修习和体悟，自然就会在咨访关系当中呈现出来。

你是怎么爱上正念的？

在正念工作坊最后做分享的时候，我常常会提到，如果时光可以倒流，我想穿越回去给自己好好上一课。我读小学、中学的时候，脑袋里面常常充满了许多念头，时常感到担心、无聊、扭曲纠结，但是没有老师告诉我，这些都会过去，想法只是想法，不代表你，你可以觉察你的呼吸。我当时觉得每个念头都可信，而且念头本身如此混乱，我也跟着混乱。如果青春期开始接触正念训练的话，我或许可以早一点尝试与念头和平共处。在每一天的生活当中，只要稍微地提起觉知，回到当下，比如起身移动的时候、拿水杯的时候、站立的时候、下楼的时候稍微提起一点点觉察，这一天就会很不一样，鼓励大家尝试。

你认为正念是什么呢？

卡巴金老师说，正念是有意地对当下不加评判地觉察，由此而升起的自我了解、慈悲与智慧。我说自己是一个初学者，因为我认为我哪一点都做得不够彻底，不够持续。正念是有意的专注与觉知，但是这种有意能持续多久？不加评判其实更难，比如我们之所以会生气，是因为背后有很深刻的习性在推动，大部分时候，做到"假装不生气"就已经很不错了。自我了解是一个人一生的命题，而慈悲更是了无止境。我们能稍微地对自己提起慈悲，对自己的脆弱保持一种慈悲，就足以过好一个还算不错的生活了。智慧嘛，更不用说。传统正念的呈现，不仅仅是借助身体的感受、动作等来培育专注与觉察，还有更多一层的理解和体验，就是去接受无常变化。世界上唯一不变的就是变。开发专注，培育觉知。正念修习所专注的对象只有一项——无常。当这些体验不断加深的时候，就会逐渐将烦恼斩断。这是传统正念修习和现代正念课程中，对于正念理解的不同之处。古时候的人们生活比较悠闲，现代社会光是手机一项就成为人们修习的巨大的挑战。对于我们普罗大众而言，只能慢慢修习。

可以给正念初学者一些建议吗？

给正念初学者的建议，一个就够了，就是练习。每天正式练习是肯定需要的。对于初学者而言，每天十分钟，如果时间比较多的话就再增加些时间。但要避免过于追求时间的长短。因为正念更多的是练习心的品质，而不是去熬时间。与此同时，在生活中要经常带入觉察。练习有时很无聊，甚至可能会感觉练习得不好，其实练习没有好坏之分。如果练习的时候感觉心里不舒服，那恰恰证明那一刻有机会觉察到平时被压抑的情绪，让它冒出来、表达出来、释放出来。练习、练习、练习，每天练习，加油，不要中断。同时，为了提升进步的速度，要注意节制感官的动能，减少过度的感官娱乐，特别是留意我们和手机的关系，对于摄入的信息有所取舍，心会更平衡有力。

附录

正念养育

附录包含正念在家庭养育运用方面的一篇简短介绍，以及我作为一个教育工作者、一个正念修习与研究者、一个普通的母亲的一些思考。这些思考是关于正念如何让养育孩子这件事变得更让人愉快又有序，养育如何能够少一些压力和单方面的付出感，成为父母、子女双方都能享受的人生宝藏。这部分文章也献给我的孩子们，感谢他们走进我的生命，让我成为母亲。除了成为母亲，我不知道还有什么别的经历能够更为直接地让我发现自己是谁，以及如何真正成为自己。

正念做父母：养育孩子，自我成长

宋晓兰

首位明确地将正念训练引入家庭心理健康照护的人，是荷兰临床心理学家苏珊·博格尔斯。受到正念减压疗法和正念认知疗法的启发，尤其是基于她自己作为一位正念练习者的经验，苏珊在为有着注意力缺陷和冲动性问题的青少年开发正念训练课程时，萌生了让家长平行参与家长课程的想法，并很快付诸实施。

因为对于家长来说，抚养一个"有注意力问题"的孩子面临着来自学校、社会的重重压力，在他们自己与孩子互动的过程中也充满挑战。苏珊认为，这些青少年和他们的父母生活在一起，他们学习的正念技能必须根植于家庭背景中。家庭成员如何共进晚餐、如何相处、如何解决压力和冲突，深刻地影响着孩子与世界的关系，以及孩子应对生活挑战的方式。

苏珊认为，如果家长自己可以学着用开放、平静、不评判和充满慈悲的方式来面对起伏不定的生活，那么他们的孩子也会得到疗愈。这个想法与卡巴金在《正念父母心》中首次提出的"正念养育"（Mindful Parenting）术语的内涵几乎完全一致。卡巴金在书中描述了如何在教养过程中有意识地将不带评判的专注带入与孩子在一起的当下，不仅对孩子，也对自己发展出更深入的理解，这个过程会同时对孩子和家长有疗愈和转化作用。

世界上第一个结构化的正念养育课程由此而诞生在荷兰阿姆斯特丹大

学亲子心理健康研究中心。为人父母者都知道，养育任何一个孩子都是一场冒险，路上充满各种挑战，需要面对许多压力。因此，正念养育课程发展为了一个更具包容性和普适性的家长课程，涵盖各种年龄段和各种健康状况孩子的家长，所有的家庭都能从中受益。课程中融入了正念减压疗法、正念认知疗法以及进化心理学、慈悲焦点疗法等新近快速发展的心理学理论和方法。并且，得益于开发者为临床心理学家的职业背景，正念养育课程在创设之初就有着循证研究做后盾，使得这个课程与正念减压疗法、正念认知疗法一样，一直保持着在循证中发展、结构清晰又充满感染力的特点。逐步增多的研究证据表明，父母自身的正念水平可以预测良好的亲子关系以及更少的儿童青少年情绪问题与问题行为，而系统的正念养育学习可以提升父母的心理健康水平，提升父母的幸福感，并因此对孩子的认知、情绪和行为都产生积极的影响。

为什么需要正念养育？

在一个人成长的过程中，家庭生活的影响是巨大的，尤其是来自父母的影响。在婴儿期，孩子透过父母对我们的回应来建立与世界的基本关系。一个能够给予孩子恰当的、稳定的、安全的回应的母亲，将帮助孩子形成对世界基本的信任感。尽管这种回应大部分都基于亲代的本能，例如喂养、安抚和充满爱意的呢喃低语，但父母也会因为疲惫、压力或者自己过往的经历而做出不利于孩子健康发展的行为，例如发脾气、忽视或者过度反应，这也是本能反应的一部分。如何与这些反应相处并超越它们，在遇到来自孩子的挑战时保持作为父母的那一份爱、关怀与智慧，支持自己在承担为人父母之责的过程中做出最恰当的选择，是伴随父母一生的课题。

因此，正念养育课程是在以下几个基本点上建立的。

第一，人际互动中存在大量的自动反应模式，这些反应模式由一个多因素构成的复杂系统所控制，里面包括了人类种群在进化中形成的生物学基础和社会行为模式、由个体独特的经历所塑造的心理与行为模式（又称图式）、环境中他人的影响，以及个体当下的主观意志和心理生理状况。

第二，父母与孩子的互动方式深刻地受到父母自己作为孩子时的家庭经验的影响，而对这种影响的理解和觉察，将有助于父母在自身作为父母的场景中做出更为自主和清醒的选择。

第三，亲子关系之间的整体质量会影响孩子的认知、情感和社会性的发展，也是青少年积极发展的保护性因素。所有的教养技能都需要在良好关系的基础上发挥作用。而父母的压力以及对孩子不恰当的回应方式，会有损于亲子关系的质量。

第四，父母的压力会使教养技能"变形"。许多家长并不缺乏关于家庭教育方法的知识，但这些知识经常不能真正得到运用。即使是那些受过良好教育的父母，在压力和强烈的情绪下也有可能对孩子发脾气，甚至打骂他们。

基于以上认识，正念养育的训练有意地将正念练习的技巧与精神融入父母生活的日常，通过提升父母自身的正念水平，以及有意识地将其运用于亲子互动场景的能力，使父母与孩子的互动方式发生转化，从而支持父母真正活在为人父母的每一个当下。

在前期研究和实践的基础上，美国威斯康星大学麦迪逊分校的心理学家拉丽莎·邓肯提出了"五因素正念养育模型"，描述了正念养育的能力结构，五个维度分别是全神贯注地聆听孩子、对孩子和自我的非评判接纳、对自我和孩子情绪的觉察、亲子关系中的自我调节、对孩子和自我的悲悯，这也成为后续所有正念养育课程的方向，并发展为正念养育量表（见此篇的最后），用来测量父母的正念养育水平。

如何做到正念养育？

正念养育课程中通常包含以下元素，来实现支持父母"保持对自我的觉察，能够在实际的教养情境中做出智慧的行为选择，并且在养育过程中能够体验到幸福和意义"这一课程目标。

正念心理品质的有意识培育

正念养育课程将缓和与转化父母的压力作为首要任务。因此，正念养育课程的内容结构与通常的正念课程相似，每次课程以及家庭练习部分的主体均为正式的正念练习，包括身体扫描、正念呼吸、静坐练习（善巧面对身体经验与情绪、想法等心理体验）、正念瑜伽与行走等。在正念养育课程中，正念训练的核心——通过正念练习来专门发展与经验的善巧关系，从自动反应中脱离——并没有改变。

自我悲悯与关怀

因为参加课程的学员都是父母，课程中基于经验的分享往往也围绕着为人父母的日常。因而学员在课程中很容易与同样身处压力之中的其他父母产生"心心相惜"之感。在一个安全的、充满接纳气氛的团体中，聆听其他父母在与子女相处过程中的体验，为在场所有人提供了一个从第三者视角"观察"为人父母经验的机会。因为团体的同质性，他人酸甜苦辣的经验很容易引起团体其他成员的共鸣，从而唤起父母对自己深刻的理解、同情和关怀之情，而不再是以一个评判者的态度反复检查自己"是否做对了"。虽然这种团体动力植根于所有以正念为基础的团体课程中，但在正念教养课程中，这一点由于团体成员身份和经验领域的高度一致性而被更加充分地展现了出来。团体中的成员都是为了能更好地做父母而来，"共通人性"这一慈悲心理学中的核心元素被自然地激发出来，从而使得自我关怀自然而然地成为正念养育课程的基础动力之一。

在这个过程中，为人父母情感中"无私的爱"的部分在课程中被深深地激发出来。养育过程中的压力与焦虑经常会蒙蔽这份爱，与这份内心的源泉保持联结是抵御养育过程中不可避免的压力的重要资源。另一份资源，则来自家庭生活中的乐趣。在压力下这些乐趣很容易被忽略，正念养育的课程将引导父母们去主动发现并品味这些无处不在的家庭欢乐。

家庭心理学知识与实用的父母教养技能

正念养育课程中还包含着对所有父母十分有价值的家庭心理学以及涉及青少年心理健康的内容。例如，通过讲授教养图式的代际传递并配合相应的个人反思练习，帮助父母全面理解与看待自己当下的养育行为背后的复杂动力系统。学员经常在领悟到自己幼年在原生家庭中的经历如何影响今天自己作为父母的教养方式之后，产生强烈的内心冲突，进而自发产生主动做出行为改变的巨大推动力。而与孩子的沟通技巧等常见的父母课程中的方法学部分，往往出现在正念养育课程的后期，在其他课程元素的共同帮助下，父母开始学习如何制定家庭规则、如何协商与变通，以及如何处理冲突与修复关系。

融入正念

在正念养育课程中，上述元素并非简单地叠加在一起，而是以正念为"经线"，将它们有序地编织在一起，这才是正念养育课程产生转化力的根源。正念练习以及对正念心理品质的不断深入，成为体现所有上述元素的基础。正念练习和正念心理品质的内化，则将这些"知识"变成"体验"，从而促使父母在生活实际情境中能够展现"活在当下"的"正念父母力"。正念使父母能够观察自己在压力下的反应，在自动反应中停下来，学习与经验共处而非被其裹挟着做出不恰当的行为；正念使得父母能够沉浸在同孩子相处的平常经验中，发现并享受那些日常经验中看似平淡的美好；正念也使得父母能够去品尝而非评判日常生活中必定要去经历的起伏，在充满挑战的困难时刻保持觉知，做出最恰当的行为选择。

实际上，正念减压的创始人卡巴金和夫人早年撰写著作《正念父母心》时，另一个备选的书名是"正念做父母：养育我们的孩子，成长我们自己"。虽然正念养育后来发展成了类似于正念减压疗法形式的团体8周课程，但不同于其他家庭教育类课程，这个课程的意图中一点也没有"我要如何做，我的孩子就会更优秀"这种父母或者家庭教育课程中常见的目标。正念养育，只是父母如何真正地活在与孩子一起的、一个又一个当下的过程。

表6　正念养育量表

请回顾过去两周，你的养育方式以及和孩子的互动情况，根据实际情况，完成以下问题。

在过去的两周，以下描述与你的符合程度	1 从不	2 很少	3 有时	4 经常	5 总是
1.我和孩子交流的时候，能够耐心地倾听并和他/她有感同身受的感觉。					
2.当我和孩子在一起时，能在意识到自己分心的时候主动把注意力带回到孩子身上。					
3.我知道孩子在想什么，即使他/她没有告诉我。					
4.当我看着孩子的时候，我能了解孩子的感受。					
5.我能从孩子的一些行为表现中感受到孩子"正在谋划"什么事。					
6.我可以准确预测孩子在某种情境下的反应。					
7.我能留意到自己的情绪是如何影响孩子的。					
8.我能与孩子的感受"同频"。					
9.我能留意到孩子如何回应我的行为。					
10.我能理解孩子行为背后的动机。					
11.我能理解孩子为什么会如此行事。					
12.我会和孩子一起玩闹甚至傻乐。					
13.我可以接纳孩子真实的样子。					
14.我相信自己目前的养育方式是最好的养育方式。					

续表

在过去的两周，以下描述与你的符合程度	1 从不	2 很少	3 有时	4 经常	5 总是
15.我相信自己有能力应对养育过程中的困难。					
16.在管教孩子之前，我会考虑自己的感受。					
17.在管教孩子之前，我会考虑孩子的感受。					
18.当孩子的行为让我心烦时，我会留意自己的感受。					
19.当孩子让我心烦时，我会让自己平静下来。					
20.在做出反应之前，我会留意到自己此刻对孩子行为的想法。					
21.当孩子的行为打扰到我时，我会让孩子知道他/她正在影响我。					
22.在惩罚孩子之前，我会花点时间思考一下。					
23.我会选择从长远看对孩子更有益的做法，即使目前有更容易的解决方式。					
24.我会询问孩子的意见。					
25.我会花时间思考自己的养育方式。					
26.我会多角度地思考孩子做出某种行为的原因。					
27.为了完成作为一个父母应该达成的目标，我会尝试放慢自己的反应速度。					
28.我会让孩子知道被惩罚的原因。					

此文为《上海教育》的特约系列稿件之一，最早刊登于《上海教育》2022年第12期，略有修改。

正念养育笔记 1：
上学迟到的路上

宋晓兰

"妈妈，看！那里有一坨大便！"

此时，离幼儿园规定的大班孩子最晚入园时间已经过去了 10 分钟。可是，初秋清晨阳光下的每一样事物，都吸引着这个 5 岁女孩的注意。

我应声看去，看到草地上有一团黑色的狗大便。

这是个意料之外的"惊喜"。草坪上的狗大便其实没什么特别，却被女儿以让人觉得夸张和匪夷所思的方式指了出来。我被逗乐了，哈哈大笑了起来："是呀，那里有一坨狗大便！"

女儿也大笑了起来，嘴角的酒窝凹了出来，长着牙菌斑的小牙齿露着，分外动人。

我们就这么哈哈笑着，走在秋日早晨的阳光中，穿过清凉的空气，沐浴着空气中"早晨"的味道，走向幼儿园。

没人知道这对母女在笑什么，但是我们都觉得好快乐，浑身上下每一个细胞都在欢快地跳舞。

我也可以不这样做。更常见的早晨送迟到的孩子上学的版本，一般是这样的：

"妈妈，看！那里有一坨大便！"

"大便有什么好看，已经迟到了，还有工夫看大便，快走呀！老是迟到！"

当我的心被目标捆绑，被过去牵绊的时候，当下的"狗大便"，只能是一个干扰我实现目标的障碍物，成为我训斥孩子以及批判过去事实的一个"依据"。它就只能是"臭和肮脏"的。

这一刻的注意力的朝向不同，会影响什么？

会影响很多事。首先会影响女儿是带着羞耻感和愧疚感闷闷不乐地进入幼儿园，还是带着轻松快乐的心情进入幼儿园；也会影响我是带着懊恼和不悦离开孩子走向办公室，还是带着为人母的感恩和喜悦之心离开孩子去上班；还会影响我们母女在这之后的每分每秒，影响我们如何看待生活和如何去生活。

时间轴再拉回到早晨出门那一刻，那一刻已经迟到了。我在催促她动作快一点，临出门却发现幼儿园门禁卡找不到了。

那一刻好烦呀，今天白天的一百件工作已经在脑子里冒泡了。我明显感觉到自己的嗓音提高了："怎么又找不到了！快点，妈妈去给你水壶灌水，你先穿鞋！"

我快步走进厨房，感觉到自己正处在焦灼的"赶时间模式"。给孩子倒水的时候，我稍稍安定了一下自己，让注意力指向呼吸和身体的感觉，在那里安稳一下自己。嗯，它们此刻是这样的，没关系。

这短暂的缓冲和自我安定，没有花掉我的时间，但却改变了接下来所有的经验。它让我发现了"狗大便"也是那么的可爱。

正念没什么神奇的，它只是使我们的心能够在当下，看见更多。正念又很神奇，因为它实际上会决定这一刻将以怎样的方式影响接下来的人生。

当这一刻不同，下一刻也就不同了。

正念养育笔记 2：
写给我的女儿

宋晓兰

你迟迟不肯入睡

直到我走进房间，轻轻拉起你的手

很快，熟悉的小鼻息响起

此刻，我们如此联结在一起

只要对方在，安稳便在

你哥哥小的时候

也是这般拉着我的手入睡

如今，12 岁的男孩已经不再这样和我亲昵

但他仍会用别的方式，表达对我的信赖

他是那么愿意与我分享他的生活

他的朋友，他的烦恼和快乐

只要你们在

家里总是此起彼伏地响着"妈妈"

连你们的爸爸，都会跟着你们叫"妈妈"
听上去真是好笑

感谢你们
因为你们
我与世界深深地联结

至今仍然记得
你哥哥出生时，护士将他轻轻托起
那一刻，房间充满了光
那光，一直照到我心里
至今仍然记得
你出生时，那一记小动物般软糯的喉音
我傻傻地问医生：她好不好？

感谢你们
因为你们
我的生活变得丰富和立体
世界在我身边绽放
你们明明很小，却让我觉得世界好大，生命好长
生活的每分每秒，都跳跃着色彩

感谢你们的依赖
被需要的感觉真好

感谢你们

让我欢笑，让我欣慰

感谢你们

让我忧虑让我担心

感谢你们

让我体验什么才是真正的爱

感谢你们

让我开启心灵中无量[1]的源泉

你们在我身边

用你们不断长大变化的生命，告诉我

生命中，该如何去面对那些不如我愿的部分

而我真正能掌握的，又是什么

我留不住你们，哪怕瞬间的人生

却又真的拥有了，这一刻又一刻的，与你们同行的旅程

此文为2020年正念父母8周课期间，作者在最后一次课上送给全体学员的礼物，在半小时内静坐过程中，从心中自然流淌而出。

---

1. 佛学中有"四无量心"的说法，指"慈、悲、喜、舍"四种积极情感。作者借此表达为人父母的过程，是天然的修习"四无量心"的机会。因而，在正念父母8周课中，孩子也被称为家中的"小禅师"。

正念养育笔记 3：
投入当下的黎明

宋晓兰

我的闹钟定在清晨 5:20。起床后先进行半小时的正念练习，然后去叫醒老大，接着进厨房准备早餐。

老大读初中了，生活一下子被学习塞满。作为唯一一顿在家里吃的饭，我尽我所能在速度、营养、口味、花样上做到兼顾和平衡。

冬天，窗外还是漆黑的。我点着小灯在厨房里忙碌，猫咪陪在我身旁。有时用煤气灶，有时用烤箱，有时用微波炉，厨房里迅速变得热气腾腾。

与此同时，我听到老大洗漱的声音，只要不是实在起不来，他就还会晨读一小会儿。孩子最近开始知道要努力学习，开始对自己有要求了。

若此时有人在楼下向我家张望，那么他便会在这个寂静漆黑的冬日黎明看到妈妈在厨房里准备早点的身影，和孩子房间里早读的灯光。

片刻，早餐准备妥当，摆上桌。孩子过来吃饭，那时我会在他身边坐着，如果时间不太赶，我们会聊聊天，话题通常会延续前一天晚上的，大部分是关于班级里老师或者同学的事情。我好喜欢听他说班级里的那些事，我的回应一般是"是吗？""哈哈！然后呢……"，或者就只是这么听着。

有时他还会补一下昨晚忘记了的那些"小作业"，比如罚抄什么的。我还替他抄过一次。他一边吃着早餐一边指点我应该如何把字写得比较像他的风格:"妈妈,你把字符叠起来,不要写那么大,不要写那么好看。"

难得能帮他做一点作业,我觉得还挺荣幸的,也是很有趣的体验。

6:30,他准时出门。我喜欢在阳台上默默地看着他从单元门一路小跑出去。书包在这个少年的背上一颠一颠的,显得他浑身是劲。

此时,天才蒙蒙亮。小区刚刚"醒来",路上开始有行人。

然后,我回到屋子里,将衣服放进洗衣机。离女儿起床还有半个小时,我有时会回去小睡一会儿,或者接着准备我们三个人的早饭,或者工作一小会儿。

7点叫醒女儿又是另一番景象。轻轻地喊,一遍一遍,摸摸小脸,摸摸头发,或者亲一下脸蛋,直到这个一年级的小豆包眯着眼睛回亲我一下,然后张开手臂搂住我的脖子,我就把脸在她一身香糯气息里埋一会儿。

那是世界上最好闻的味道。

大部分时间女儿是笑着醒来的,虽然偶尔也有起床气。

我们一边轻轻聊着天一边穿衣服,经常是说着轻松的笑话,比如聊聊梦里有没有找厕所,猫咪是不是又来亲她的脸了。

我经常帮她穿衣服,并给她一个拥抱。我还会搓揉一下她小小的脊背,把惺忪一点点化掉,清醒就一点点地到来。我不再像对待哥哥小时候那样为了培养"自理能力"而坚持让他自己穿衣服。为什么非要把自理能力和早上起床自己穿衣服这件事挂上钩呢?那不过是我自己年轻时的执拗罢了。

实际上,当我没有时间给女儿穿衣服的时候,她自己也穿得又快又好。早上让妈妈穿一下衣服,不会怎么样的,要知道孩子很快就不会再给你帮忙穿衣服的机会了。

我有时还会帮她刷牙,如果爸爸此时在家可以为我们把早餐摆上桌的话。如果我没有时间帮她刷牙,她就自己刷。

刷牙、洗脸、梳头、抹"香香",都开开心心地完成。时间赶的时候,就快快地、开开心心地做,时间不赶的时候,就慢慢地、开开心心地做。

接着我们一起开开心心吃早饭,在饭桌上聊聊天,说说笑话。然后急急忙忙但是同样开开心心地出门。

偶尔有几次来不及赶上校车，那就让爸爸开车送去学校吧，迟到就迟到了，没什么关系的。

这个和孩子一起从容共度晨间时光的能力，是在做母亲十多年的过程中慢慢发展起来的。有些东西一直没变，比如从来不会突然地、急促地叫醒孩子。

想起我小时候妈妈叫醒我的方式，啪的一声将顶灯打开，"好起床了！"我费力地睁开眼，看见她已经走进我的房间开始扫地。

这种感觉实在糟糕。为什么要这样起床呢？

我自己当妈妈了，都是轻轻叫孩子起床，让孩子舒舒服服地醒过来。

而有些东西发生了变化，比如对迟到的态度，和对所谓"生活自理"的态度，更重要的，是我享受时光的态度。和这些态度一起变化的，是家庭每一刻时光的底色，不仅是早晨的时光。事实上，晚上家里99%的时间也是这样温馨和谐。晚自习结束，哥哥回来的时候，家里会有一段热闹非凡的时光，12岁的少年一回家，便会带回一身朝气与锐气。

从5:20到早晨7:50，伴随着天色从漆黑一点一点变亮，这珍贵的两个半小时，其实是我一天当中最为幸福的时光。

外面有时阳光，有时阴雨，不变的是家里早晨的气息，永远是有温度的，有柔情的。

与六年前哥哥刚读书时相比，家里的早晨更是充满了从容与快乐。

现在，我十分清楚的是，对于孩子，我能留住的唯有这一刻又一刻相处的时光。因而我所有的努力，都留给这些时光。

在时光里，所谓的"结果"或者"收获"其实是不存在的。当我能够放下这些概念，我才实实在在地拥有了我的时光。

后　记

　　正念教育团队从 2017 年建立至今，已走过六个年头。特别感谢这六年来身边伙伴和有缘人的信任、支持和鼓励。2018 年正念与幸福研究基地成立，2020 年浙江师范大学等多家单位发起正念教师基金，后升级为正念教育基金。正是在该基金的资助下，无数教师得以有机会学习系统的正念课程，将正念融入自己的工作生活，从而使校园里的孩子对正念不再陌生。本书的出版也是这一系列工作的结晶。

　　感谢浙江省教育厅的教师专业发展培训平台以及各地教师发展中心、教师进修学校共同组成的教师专业发展学分系统的支持，无数教师正是通过这个系统学习到正念课程的，相信把教师的身心健康纳入教师专业发展框架，将是未来的重要发展方向。

　　麦普正念在将正念服务于教育这件事上起到不可替代的作用。作为一家企业，六年来一直将人民大众的利益而非追求利润作为公司最重要的事，持续做着公益性的服务，这对于一家还处在创业初期的企业而言是非常不容易的。作为 MBPE 的创始人之一，公司的负责人楼挺先生不仅在 MBPE 课程主创过程中起着重要的作用，还为团队的科研工作和人才培养持续提供着资金、人力和实践资源等方面的帮助，正念教育基金的设立以及课程服务体系的建立，都离不开他的坚持和智慧。同时，作为我的丈夫，他和我一同担负着在家庭中实践正念的责任。作为我的正念伙伴，我们需要在家庭生活和正念教育的工作之间做平衡，这非常考验人，但我们都非常感谢对方的支持和热忱，并且很高兴此生可以携手同行。

感谢我所在的浙江师范大学心理学院以及之前所在的教育学院对我的信任，允许我顺着自己的心探索正念教育之路。领导和同事一路相助扶持，不断提醒我要时刻守护教育者的良知，为这个社会做应做、能做之事。从事这份工作是一种探险，但是有心理学院如家一般的港湾，时时心安。

正念教育一路走来，得到了许多正念师的指引。他们是：中国台湾地区的胡君梅老师、石世明老师、李燕蕙博士，中国香港地区的马淑华博士，北京的薛建新老师，以及牛津正念中心的威廉·凯肯教授等。特别感谢香港大学的林瑞芳教授，香港的静观校园计划在林教授带领下已经有了许多喜人的成果，为正念服务于校园提供了许多宝贵的经验，林教授不断地鼓励我，为我带来了许多力量。

感谢我亲爱的研究生们，与他们的结缘是正念教育探索路程中最可爱的事，团队的研究工作是正念教育实践路上的基石。六年来，从正念研究实验室毕业的年轻人，大多在教育岗位上从事心理健康教育工作，更为重要的是，无论是直接从事正念教学，还是在工作中融入正念，没有人将正念丢弃，其中有几位已经成长为优秀的正念师。这不是我的魅力，这是正念的魅力。

要特别感谢一路上信任我们的一线教师们，在无数次的正念课堂和研习会中，他们给予我们的其实要远远多于我们给予他们的，这是所有正念师共同的感触。也正是因为有他们的反馈，才成就了这本书中的大部分内容。正念要真正服务于教育，没有这些一线教师的亲身实践与灵活运用，是不可能成功的。

最后，感谢我的两个孩子，宽宽和容容。"宽容"二字取名于正念教育团队成立之前，虽说这宽容二字是我们一直以来秉持的价值观，却也冥冥之中预示着他们的父母将要履行的使命。这二位家中的"小禅师"，时时刻刻都在提醒着我要好好地活在当下，为这个社会做一些真正的善事，本书附录的正念养育笔记正是都来自这二位"小禅师"的"教导"。

正念教育团队成长的这六年，也是正念在中国迅猛发展的六年。越来越多的人开始了解正念，越来越多的正念服务开始出现在大众视野，越来越多的企事业单位开始将正念作为员工心理保健的首选方法，这与中国正念研究学者不遗余力、始终如一的科学工作，以及中国数百位正念专业师资在正念教学中的敬业、专业分不开。中国心理学会在2022年也正式成立了正念心理学专业委员会，意味着正念不再仅仅是一个心理咨询与治疗专业下属的分支，而是一个相对独立的心理学分支。正念在中国的发展，已经走过了从新鲜、令人疑惑到为人熟知的历程，如今正在迈向理性、科学的健康发展之路，我们既是这条道路的贡献者，也是这条道路的受益人。

宋晓兰
2023年12月于金华丽泽